RASHEL DÍAZ

*Transforma
tus fracasos
en victorias*

DE MENOS
A MÁS

GRUPO NELSON
Desde 1798

Publicado por Grupo Nelson, 2025
Nashville, Tennessee, Estados Unidos de América.
Grupo Nelson es una marca registrada de HarperCollins Christian Publishing, Inc.
www.gruponelson.com

Este título también está disponible en formato electrónico.

A menos que se indique lo contrario, todas las citas bíblicas han sido tomadas de la Santa Biblia, Nueva Biblia de las Américas™ «NBLA™» © 2005 por The Lockman Foundation, La Habra, California 90631. Sociedad no comercial. Derechos reservados. www.NuevaBiblia.com.

Las citas bíblicas marcadas «NVI» son de la Santa Biblia, Nueva Versión Internacional® NVI®. Copyright © 1999, 2015 por Biblica, Inc.® Usada con permiso de Biblica, Inc.® Reservados todos los derechos en todo el mundo.

Las citas bíblicas marcadas «TLA» son de la Traducción en Lenguaje Actual © 2000 por Sociedades Bíblicas Unidas. Usada con permiso.

Las citas bíblicas marcadas «NTV» son de la Nueva Traducción Viviente, © Tyndale House Foundation, 2010. Usada con permiso de Tyndale House Publishers, Inc., 351 Executive Dr., Carol Stream, IL 60188, Estados Unidos de América. Todos los derechos reservados.

Las opiniones expresadas en esta obra corresponden al autor y no necesariamente representan el punto de vista de la editorial.

Diseño interior: *Deditorial*

Tapa rústica: 978-1-4002-5039-4
eBook   978-1-4002-5040-0
Audio: 978-1-4002-5045-5

La información sobre la clasificación de la Biblioteca del Congreso está disponible previa solicitud.

Impreso en Estados Unidos de América

25 26 27 28 29 LBC 5 4 3 2 1

A Dios

Solo puedo decirte *gracias*. Me llamaste y respondí, y lo seguiré haciendo hasta el último día de mi vida; siempre te diré *sí Señor*.

«Si Dios está de nuestra parte, ¿quién puede estar en contra nuestra?».

(ROMANOS 8:31, NVI)

CONTENIDO

AGRADECIMIENTOS

A MI ESPOSO CARLOS, MI COMPLEMENTO PERFECTO, MI MEJOR amigo y mi compañero de vida. Te admiro mucho, eres el hombre que siempre soñé. Gracias por cuidar mi corazón con tanta nobleza.

A mis hijos Juan Daniel y Daniela, ustedes me llenaron de valor para enfrentar lo que no me permitía ser mejor. Han sido mis maestros. ¡Estoy tan orgullosa de ustedes! Sé que le servirán a Dios con gran fidelidad. Los amo con todo mi ser.

Madelyn, desde que llegaste a mi vida me cautivaste con tu sonrisa dulce. Eres mi hija, no te veo de otra manera.

A las mujeres de mi vida, abuela, mami y Tata, siempre juntas, unidas e imparables. Abuela, la cabeza de nuestra familia, dispuesta en todo momento para enseñarnos la importancia de la familia. Mami, eres mi reina, tu nobleza siempre me ha conmovido; eres uno de los seres humanos más puros que conozco, todo el tiempo lista para ayudar y dar amor. Tata, mi compañera de la niñez, aunque eres mi tía, definitivamente has sido mi hermana del alma. Las amo a las tres.

A mi padre, mi primer amor, gracias por tu mano y tu corazón cuando me caminabas por las calles de Santo Suárez, cuando llegué a Estados Unidos y cuando me guiabas hacia mis hermanos. Hoy me toca a mí extender la mano y el corazón para acompañarte en tu lucha, y le agradezco a Dios por permitirme hacerlo.

A mis hermanos David, Rachelita y Alex, me llena de satisfacción ver cómo hemos sido capaces de mantener la unidad, el respeto y, sobre todo, el amor entre nosotros.

A mis amigos, ¡gloria a Dios por ellos! ¡Tengo tantos buenos amigos! De esos que siempre están, de esos que jamás te dejan, de los que no te juzgan, de los que celebran, pero también lloran contigo. Ustedes saben quiénes son, no me alcanzarían las páginas para enumerarlos.

A ustedes, cada uno ocupa un lugar en mi corazón. Gracias por su cariño y fidelidad, por seguirme y permitirme entrar en sus hogares durante tantos años.

PRÓLOGO

LA HISTORIA HUMANA HA SIDO MARCADA POR PERSONAS QUE, A pesar de las dificultades y los factores limitantes de sus vidas y alrededores, se abrieron camino, vencieron sus temores y se atrevieron a vivir una vida que impacta a otros. Muchos han basado su esfuerzo en el deseo de dejar atrás experiencias negativas como la pobreza y la escasez, los problemas familiares y determinadas vivencias que dejaron cicatrices en el alma. Sin embargo, los efectos de esos daños no desaparecen con el cambio de domicilio, las prendas bonitas o un nombre que otros reconocen. Se requiere algo mucho más fuerte, algo que supera nuestras fuerzas, se requiere una intervención celestial, una cita divina, un encuentro frontal con Dios.

Entre esas personas que han hallado a Dios en medio de experiencias negativas se encuentran, sin lugar a duda, Carlos y Rashel, un matrimonio que Él puso en mi camino y que he tenido la bendición de conocer en estos últimos tiempos. La primera vez que vi a Carlos, no imaginaba hacia dónde se dirigían nuestros pasos, solo sabía que acababa de encontrar a una de las personas más agradables que me había tocado conocer en Miami. Mi esposa y yo habíamos llegado a la ciudad con dos metas; la primera, sanar como familia después de la muerte de una de nuestras hijas, y la segunda, buscar influir en la ciudad con nuestro programa «Matrimonios que triunfan». Por más de veinte años, junto con un gran equipo, hemos dirigido esta organización a través de la cual ayudamos a diferentes matrimonios en su lucha por la supervivencia marital.

En la misma semana en que nos conocimos, Carlos se comunicó conmigo para preguntar cuándo arrancaba nuestro curso, ya que era muy importante para él recibirlo junto con su esposa, Rashel Díaz. Entonces, unos días después, Carlos y Rashel iniciaron su primer curso con nosotros, y comenzó también una relación de afecto e instrucción. Pronto pude constatar el efecto de la enseñanza en sus vidas, era lo mismo que darle de beber a dos sedientos y, como se suele decir, el resto es historia. Ese paso que Carlos y Rashel dieron los llevó a vivir una experiencia transformadora. Una relación que antes parecía no tener oportunidad de supervivencia disponía ya de las armas con las cuales pelear por un matrimonio feliz y unido.

No solo su matrimonio se afianzó, sino que empezó una nueva evolución espiritual, algo que ambos deseaban y buscaban, pero que requería de alguien que los llevara de la mano en un proceso maravilloso llamado discipulado. Sus vidas cambiaron, sus corazones se afianzaron, y pudieron ver cómo Dios los llevaba *de menos a más*.

No cabe duda de que una vida alineada con Él siempre será una vida potencializada, y ellos lo están viviendo. Sin embargo, hay varios componentes para que esto pueda suceder. Primero, tenemos que estar dispuestos a cambiar. El autor Jim Rohn dijo: «Tu vida no mejora por casualidad, mejora por el cambio». Todos queremos mejorar, pero pocos están dispuestos a hacer lo que se requiere. Rashel y Carlos transitaron desde un matrimonio que se encontraba sobreviviendo, hasta ser una pareja sana, feliz y con un gran futuro por delante porque ambos estuvieron dispuestos a hacer los cambios necesarios.

Segundo, tenemos que entender que Dios es la fuente de todo lo sano y estable, y sin Él, los mejores esfuerzos que realicemos terminarán frustrados. La relación con Él, y aclaro, no religión, sino relación, es lo que transforma nuestro interior para poder vivir la vida que nos promete en su Palabra, una «vida abundante». Mucha gente se confunde, piensa que tener afinidad con alguna iglesia o religión equivale a estar conectados con Dios. Por eso muchas personas, a pesar de ser fieles a su religión, jamás dejan de vivir la misma crisis existencial, porque la religión no es lo que te cambia, lo que te cambia es escuchar la voz del que te creó.

Carlos y Rashel empezaron a vivir esa transformación que no es más que el resultado de una vida conectada con Él. Es increíble ver cómo cada paso que ellos daban en obediencia a Dios los llevaba a un nuevo escalón, a *más*. Como consecuencia, después de pasar un tiempo viviendo ese proceso, llegó el momento de hacer algo con su historia, entonces descubrieron el poder del servicio.

Tercero, nunca vives con satisfacción y plenitud hasta que descubres ese poder. Servir le da sentido a nuestra vida, aun a lo negativo que hemos vivido. Porque cuando servimos, encontramos esa conexión entre nuestro pasado y nuestro futuro, la razón del propósito. Dios aclara en Romanos 8:28 que «para los que aman a Dios, todas las cosas cooperan para bien, *esto es*, para los que son llamados conforme a *Su* propósito». De repente descubres que lo negativo del ayer, ahora puede ser usado para servir a otros con esa misma experiencia de vida, y al final comprendes que nada fue en balde. Cuando descubres el poder de tu servicio entiendes que no eres una víctima, sino que tu pasado te preparó para tus futuras victorias.

Sin temor a equivocarme, considero que ese es el caso de la autora de este libro. Ahora puedo decirles que lo que veo en Rashel es una luz producto de ese tiempo con Él; un cambio maravilloso resultante del amor que ha recibido. Veo que lo natural de una mujer profesional, con disciplinas fundamentales, aunado a su relación con Dios, la han hecho levantarse más que nunca en todos los sentidos. Es lo natural de Rashel unido a lo sobrenatural de su relación con Dios lo que la lleva a vivir nuevos niveles en su matrimonio, su familia y todo lo que emprende en cada proyecto, y en especial en este libro que ahora sostienes en las manos, donde ella abre su corazón y su historia para inspirar y edificar la vida de mujeres que han pasado por experiencias similares a las suyas.

Por eso esta obra escrita por Rashel Díaz, *De menos a más*, es tan importante. Ella muestra la ruta que la llevó a vivir resultados satis-factorios, como la determinación, la disciplina, la independencia y la tenacidad. Pero en el camino descubrió el sinsabor de sus mejores esfuerzos y se encontró con la fuente de una vida abundante. Una vida imposible de lograr solo con el esfuerzo humano, una vida resultado de vivir conectada con Dios.

Estoy seguro de que disfrutarás la lectura de este libro y que te será de mucha utilidad en el camino para alcanzar tu máximo poten-cial, en el recorrido hacia esa vida abundante, con significado y pro-pósito, guiada por la mano poderosa de Dios.

José Mayorquín
Pastor y director general de La Roca

ANTES DE LEERME...

El amor que nunca falla, ¡el de Dios!

NACIMOS PARA SER AMADOS, FUIMOS CREADOS PARA ELLO. SIN embargo, en el transcurso de nuestro recorrido por esta tierra vivimos decepciones, traiciones y desilusiones que van afectando esa naturaleza. Estas experiencias hacen que nos encerremos en un caparazón y empecemos a fingir que estamos bien, ¡aunque es todo lo contrario! Pero hoy quiero decirte que hay un amor que nunca falla. Te hablo del amor de Dios, quien dentro de su misericordia nos entrega un amor inagotable sin importar lo que hacemos, lo que somos, qué título tenemos o cuánto poseemos.

Ese Dios maravilloso nunca deja de sorprendernos. En mi caso, jamás imaginé escribir un libro. Nunca pasó por mi mente el estar madrugadas enteras sentada frente a la computadora plasmando mi historia de vida. Pero hoy, a mis 51 años, quizás 52 cuando leas estas líneas, entiendo muy claramente que su plan es tan perfecto que siempre supera nuestras expectativas.

Mientras leas este libro quiero que imagines que estás en la sala de mi casa, sentada en mi sofá, con café en mano —es que amo el café, jajaja— y que nos sumergimos en una conversación larga, profunda y sincera. Un diálogo que fluye por una simple pregunta que me hiciste: «Rashel, ¿por qué hablas tanto de Dios?». Para responderte fue necesario llevarte en un recorrido desde mi niñez hasta hoy, con el fin de que puedas entender de dónde Él me sacó y, ¡lo mejor!, lo que está dispuesto a hacer contigo también. Créeme que no dejé nada escondido. Dios escribió este libro, y cada uno de los días en que me senté a abrirte mi corazón, oraba y le suplicaba que me diera discernimiento y guía. «Que seas tú, no yo», le pedía.

Entonces te recomiendo lo siguiente: toma el libro en tus manos, pero antes cierra tus ojos y pídele a Dios que te hable a través de estas líneas. Puedes estar segura de que lo hará. No llegaste a este libro en vano, sucedió porque es el momento adecuado, porque Él está tocando a tu puerta y porque te ama tanto que quiere llevarte *De menos a más* en cada una de las áreas que componen tu vida.

¡Así que comencemos!

INTRODUCCIÓN

La mujer más feliz del mundo

«¿CÓMO HAS PODIDO DEJARLO TODO PARA VENIR A COMUNICAR el mensaje tan sencillo de Dios?», me preguntó una señora a quien no conocía y con la que coincidí en un establecimiento comercial en la ciudad de Tulsa, en el estado de Oklahoma, a donde me mudé de manera temporal desde hace un año —casualmente mientras escribo este libro— para cursar estudios bíblicos. «¿Cómo es posible que te proyectes tan cómoda y contenta habiendo dejado atrás la fama y la gloria?». «¿Cómo te sientes con este cambio de vida?». A pesar de estar acostumbrada a las preguntas y a la curiosidad que de forma inevitable se despiertan en el público, estas en particular me tomaron por sorpresa. No obstante, sonreí con esa alegría que produce el poder ofrecer una respuesta inmediata, sincera y desde el corazón: «Soy la mujer más feliz del mundo», respondí.

Al igual que millones de televidentes hispanos, la señora conocía mi carrera en la industria televisiva desde la época en que, con ese arrojo que nace de la juventud, participaba como modelo en el programa *Sábado gigante* que conducía Don Francisco y transmitía la cadena Univisión.

Quizás tú también conoces a esa Rashel Díaz y la recuerdas triunfante, rodeada de luces, de glamur, acompañada por la fama y abrazada por la gloria y el éxito durante más de veinte años en el mundo de las comunicaciones de la televisión hispana. O quizás te atrajo este libro por su título y me conocerás a través de estas páginas, porque de alguna manera necesitas identificarte con una historia real de superación que culmine con un final de progreso y abundancia; un final feliz.

El propósito de estas páginas

Cualquiera que sea el caso, y confiada en que todo, absolutamente todo, tiene un propósito, abro las puertas de mi corazón de par en par para contarte con sinceridad mi historia, las vivencias que me llevaron a experimentar, desde la euforia en la cima del éxito, la caída precipitada a un inmenso vacío y después una salida airosa al iniciarme en un camino espiritual que me ha transformado en quien soy hoy: una mujer que quiere empoderar a otras mujeres y, sobre todo, una mujer de fe y fiel servidora de Dios. Creo firmemente en que si este libro ha llegado a tus manos es porque Dios tiene ese propósito, porque Él quiere hablarte y utilizará mis experiencias para edificar tu vida. ¿No te parece una maravilla?

Si te asalta la pregunta de por qué he decidido contarte mi historia en detalle, la respuesta es sencilla: *porque tú también puedes ser victoriosa, porque tú también puedes rediseñar tu vida, porque tú también puedes cumplir tus metas, y porque tú también puedes alcanzar una vida plena, positiva, feliz, económicamente estable y sentirte llena, satisfecha y realizada.* No tengo duda alguna de que este libro ha nacido porque tiene una intención y un propósito para ti. ¡Y eso me hace feliz!

Viviendo la gloria terrenal

Al hacer un recuento de mi vida pasada debo confesar que me siento profundamente agradecida por la oportunidad de haber vivido importantes momentos dentro de la industria de la televisión hispana que se produce en Estados Unidos y de haber llegado a millones de telespectadores a través de la pantalla chica. Abrazo con gratitud las experiencias que permanecen en mi corazón: poder entrevistar a artistas internacionales de gran renombre, recibir tres premios Emmy como reconocimiento a mi labor, confiarme la conducción de importantes eventos de alfombra roja, y también del Miss Universo durante cinco años y en idioma español.

Te aseguro que podría llenar varios álbumes con esos recuerdos. ¡Tengo tantas anécdotas que contar! Como en una ocasión en que tuve la oportunidad de entrevistar a quien entonces era la primera dama de Estados Unidos, Michelle Obama, cuando en el 2010 impulsó el programa *Let's Move* (Vamos a movernos) para incentivar la batalla contra la obesidad infantil. ¡Me sentía tan nerviosa! El estudio donde grabamos la entrevista estaba repleto de los trabajadores de seguridad que protegen a una personalidad de tan alto calibre. Mi corazón latía inquieto, quería que todo quedara perfecto y pretendía tomarme el atrevimiento de invitarla a dar unos pasos de baile, lo que ya me habían advertido que no se podía hacer. ¡Pero me atreví a preguntarle, ella dijo que sí y lo logré! ¿Quién me hubiera dicho que alguna vez entrevistaría a una primera dama de la nación norteamericana?

Por si fuera poco, mi trabajo me llevó a horizontes que jamás imaginé, como el reportar la Copa Confederación y la Copa Mundial de Fútbol desde Rusia y los Juegos Olímpicos desde Londres. ¡Y sin saber nada de deportes! También, como parte de mi labor como periodista, entrevisté a la viuda de Pablo Escobar, María Isabel Santos, trabajo que representó un reto profesional y emocional en consideración al pueblo colombiano, lastimado por las acciones de su esposo. Para realizarlo tuve extremo cuidado y el resultado final fue visto por millones de personas. Pienso en estas experiencias y te aseguro que jamás hubieran pasado por mi cabeza antes.

Cada nueva emoción profesional me llevaba a viajar mentalmente al pasado, hasta visualizar a esa pequeña niña que caminaba por las calles de Luyanó, en Cuba, y que ahora en Estados Unidos se había convertido en una de las principales figuras de la televisión. Me encontraba en la cumbre profesional, en la cúspide del éxito. Las puertas se me abrían, gozaba de reconocimiento, de respeto y de admiración. ¡Lo había logrado todo! Pero aún quedaba más.

Luego de once años trabajando en Univisión y tras un retiro de dos años y medio para dedicarme a atender a mi hijo Juan Daniel, en el 2008 me invitaron a entrar por la puerta ancha de la cadena Telemundo. El productor, Carlos Bardasano, me propuso integrar la plantilla de conductores de un nuevo programa mañanero llamado *Levántate*, que produciría Tony Mojena desde Puerto Rico para todo Estados Unidos. Participar en ese tipo de programa era un sueño y el mismo se hizo realidad. Trece años permanecí en este espacio que luego se llamó *Un nuevo día* y donde pude mostrarle al público mi capacidad y máximo potencial. Podía decirse que la niña de Luyanó había alcanzado la cúspide profesional y brillaba en su máximo esplendor.

Luces por fuera… oscuridad por dentro

A pesar de todo esto que te he contado, estaba vacía. Sí, así como lo lees, estaba vacía. ¿Puedes creerlo? Nadie podía imaginar que aquella mujer tan exitosa se encontraba destruida, apagada, y que dentro de ella no había ánimo ni chispa. No creas que fue fácil aceptarlo, al contrario, me costó mucho reconocerlo. En aquel tiempo atravesé un proceso lleno de una tristeza conmovedora y profunda que tiró mis emociones al suelo. Públicamente y ante todos era la Rashel de siempre, vivaracha y sonriente. De alguna manera las figuras televisivas aprendemos a disfrazarnos, a mostrar el lado bueno y el rostro feliz. La deshidratación y la debacle emocional se esconden, se dejan en casa, esa casa a la que regresaba luego de cada logro o acierto para sentirme destrozada, divagando dentro de un túnel de depresión y soledad interior. Comencé a cuestionarme por qué mis cambios de actitud, mi falta de ánimo y la ausencia de ilusión; por qué llevaba una vida pública y otra en privado, muy distinta y de desconsuelo. Esa confrontación, sin saberlo, fue el primer paso hacia la recuperación. Cuando tocas suelo no queda otra que levantarte; ese fue mi caso.

Para algunos es difícil comprender el cambio que genera la presencia de Dios en nuestras vidas y cómo al responder a su llamado nos encaminamos a un mundo nuevo en el que nos aguarda el propósito que tiene para cada uno de nosotros. Seguirle no significa abandonar nuestras metas o entrar a un panorama en el que se asume un voto de pobreza. Al contrario, la *fe* conduce a la felicidad, a la paz y a un estado en el que, como dice y promete en su Palabra, nada faltará. Era durísimo llegar a mi hogar luego de la euforia que se vive en los eventos, de haber realizado un trabajo de excelencia, y entrar en un sentimiento anímico de inconformidad y oscuridad. Aquello que supuestamente debía alborotarme de felicidad me empujaba hacia un limbo en el que me resultaba imposible ver una salida, divisar el final.

Mi economía era robusta, había evolucionado financieramente y me había comprado mi primera casa. La recuerdo muy bien, estaba ubicada en un área muy bonita, cerca de buenas escuelas para mis hijos, lo cual era mi prioridad. No era una mansión, pero ante mis ojos aquella estructura de dos plantas era lo más grande, el fruto de mi esfuerzo, la confirmación de que estaba logrando ese sueño americano del que tanto hablan. Pero ¿de qué valía esa satisfacción si por dentro estaba como muerta?

El camino de la fe... si lo hizo por mí, lo hará por ti

En *De menos a más* abro por completo mi corazón para contarte los detalles de mi vida, de mi origen, de mi paso, crecimiento y evolución, y de cómo al conocer a Dios me transformé en una nueva criatura. De su mano me he rediseñado y, junto a mi esposo Carlos, vivo la maravillosa experiencia de una vida personal llena, con rumbo y propósito, económicamente sólida y rebosante de la sabiduría que viene de Dios. Como la de muchas otras personas, mi vida no es perfecta. Al igual que tú enfrento problemas y adversidades, pero ya no lo hago sola, sino acompañada y abrazada por la presencia y la guía de Dios.

Confío en que mis experiencias te sirvan, que puedas identificarte y encontrar la motivación que necesitas para obtener la vida de abundancia y el bienestar que mereces. Por eso, luego de cada uno de los capítulos, te regalo un «De mí para ti», una sección donde incluyo las lecciones que he aprendido en cada uno de los pasos a través de mi vida. Tengo la certeza de que las mismas serán detonantes para que emprendas el sendero hacia la plenitud. *Mi deseo es que despiertes tu potencial y recurras a las herramientas que están dentro de ti, quizás dormidas, esperando ese maravilloso momento en que te decidas a prosperar hacia tu propia plenitud.*

Este libro es tan tuyo como mío, así que podrás revisitar cuantas veces quieras cada una de las historias que te presento y, en especial esas páginas diseñadas a manera de ejercicio especialmente para ti, en las que enumero las enseñanzas recibidas para que puedas analizarlas, identificarte y aplicarlas.

Me encantaría que escribas en estas páginas, que tomes nota, que resaltes lo que te haga vibrar. Te invito a marcar el texto con colores, a señalarlo con papelitos, a dejar notas en los márgenes alrededor, ¡lo que tú quieras! Y mientras vas leyendo, toma decisiones definitivas, y repite frases y versículos que necesites afianzar en tu mente. En fin, que este libro sea tu gran entrenamiento para llegar hasta tu herencia, esa que Dios, en su infinito amor, asignó para ti.

Agradezco profundamente la vida que tengo, aunque mi historia no comenzó así... ¿Me das permiso para contártela? ¡Aquí te va!

CAPÍTULO 1

Cuba y yo

ME RESULTA FÁCIL CERRAR LOS OJOS Y VIAJAR MENTALMENTE hasta el pequeño apartamento que descansaba en el segundo piso de una casita ubicada en el barrio de Luyanó, situado en el municipio conocido como 10 de Octubre en La Habana de mi natal Cuba. Debe ser que guardo maravillosos recuerdos que hilvanan las vidas de mi abuela Juana, mi madre Bárbara y mi tía Danay, las tres mujeres que forjaron mi pequeño mundo y, sobre todo, lo que fui entonces y lo que soy hoy. El amor revoloteaba por toda la casa, que siempre estaba limpia, olorosa, reluciente, ordenada y con las camas muy bien tendidas. Nunca me enteré de que hubiera alguna carencia o escasez, porque todo lo verdaderamente importante —cariño, respeto, complicidad y solidaridad— lo había por toneladas y hasta para repartir.

Los muebles de madera oscura, un tanto ajados por el uso de quienes habitábamos la casa y de los que llegaban con frecuencia a visitar, contrastaban con las paredes pintadas de un color crema muy lindo y tenue. En ellas no había fotos, ni siquiera alguna de mi abuelo Rafael, padre de mi madre, quien falleció cuando ella era muy pequeñita. La única foto que recuerdo era una mía, con el cabello larguísimo y de muy niña, tomada por un fotógrafo amigo de mami y que mi abuela colocó en un marco muy sencillo sobre el refrigerador.

En las paredes tampoco había imágenes religiosas; la única creencia que se profesaba era el amor. Yo conocí lo que es la fe después, porque en aquellos tiempos en mi país no se hablaba de eso. Vivía ajena al evangelio. Las iglesias estaban cerradas, así que no conocí esa devoción y mucho menos lo que es congregarse. De lo único que escuchaba hablar era de Santa Bárbara y San Lázaro, pero era solo eso, menciones sin demasiada importancia.

En un inicio, viví con mi mamá y mi papá en Santos Suárez, un barrio bastante céntrico ubicado al sureste de La Habana. Pero al divorciarse ellos, mi madre y yo nos trasladamos a Luyanó, a esa casa en la que en principio vivía también mi abuelo Virgilio, segundo esposo de mi abuela, y que finalmente quedó habitada por nosotras cuatro cuando ellos terminaron su relación.

Mi tía, hermana menor de mi madre, es contemporánea conmigo, por eso nos criamos como hermanas y bajo el manto protector de mi abuela, una mujer con un carácter que entremezclaba la fuerza, la valentía y el arrojo con una simpatía contagiosa que le hizo ganar el afecto y el respeto de todo el que la conocía. Siempre nos peleábamos por dormir junto a ella. Cuando su esposo estaba en la casa, lo botábamos del cuarto y tenía que irse a dormir a otro lado del apartamento. Otras veces aprovechábamos que se ausentaba durante meses para trabajar manejando camiones. ¡Entonces hacíamos fiesta! Cuando se separaron y Virgilio se mudó, mi madre, mi tía y yo nos acomodábamos en las dos habitaciones y nos turnábamos el privilegio de poner un catresito —al que llamábamos pimpampum— junto a la cama de abuela Chela para pasar la noche al lado de esa mujer que nos cobijaba con un amor inspirador, motivador y poderoso.

Jamás me percaté de que faltara nada porque mi abuela Chela y mi mamá se encargaban de proveer todo lo que se necesitaba. En la mesa siempre había alimento. No sobraba, pero tampoco faltaba. No eran manjares costosos, pero sí platillos exquisitos. De las ollas viejas y gastadas en las que mi abuela cocinaba a diario algunas veces se desprendían sabrosos aromas de arroz con pollo y otras de fricasé, un guiso espeso y condimentado que preparaba cuando lograba encontrar pollo en la tienda, donde se compraba utilizando una libreta de abastecimiento. Decidida a alimentarnos con su comida rica, mi abuela se apostaba en la cola de la tienda con sus estrategias, lista para estirar el valor que tenía aquella libreta que se le adjudicaba a cada familia dependiendo de cuántos integrantes tuviera. El número familiar determinaba la cantidad de libras de azúcar, de carne, de arroz, en fin, de lo que hubiera. Abuela compraba con astucia para que todo rindiera y se sumergía en un proceso culinario muy suyo, moviendo el cucharón aquí y allá, bautizaba los guisos con especias y lograba un sabor que se me ha quedado grabado en el paladar.

Me fascinaba acompañarla a comprar a las bodegas, una aventura en cuyo trayecto iba saludando a todo el barrio. Bajo el sol candente de la Isla y con el calor que emanaba de la calle, la tarea de hacer la fila era para ella un acto de socialización que conllevaba detenerse unos minutos para tomar un café con su amiga Marta o tal vez chacharear con Mercedes la costurera o con cualquiera que encontrara en el camino. ¡Parecía una alcaldesa! Me resulta difícil compaginar ese recuerdo con la realidad de hoy, en la que mi amada abuela Chela es presa de los embates que ocasiona el Alzheimer.

Mi madre, a quien siempre la han llamado Babi, me tuvo muy joven, a sus dieciocho años. Con ella he mantenido siempre una relación estrecha que ha permanecido intacta ante el tiempo y los tropiezos de la vida. Ni siquiera en los momentos más difíciles existió algún amago de desapego. Éramos y somos una dupla que ha enfrentado de todo, tanto en Cuba como en Estados Unidos, a donde nos trasladamos cuando cumplí los 21 años. Mi mamá y mi papá, Nelson Díaz, se divorciaron siendo yo muy pequeñita, una nené de tres años, pero se las arreglaron para mantenerse en complicidad y que estuviéramos siempre unidos los tres. La presencia de mi padre no faltó durante mi niñez, al contrario, estaba casi a diario, participaba en los eventos familiares y disfrutaba de las fiestas. No parecían divorciados, especialmente cuando a la hora de bailar me alzaban, me colocaban apretadamente entre los brazos de ambos y danzábamos los tres.

Lo que sí representó un golpe emocional y contundente para mi corazón de niña fue la salida de mi padre del país. Es curioso cómo la mente de una niña procesa los recuerdos. Haciendo memoria para escribir estas líneas, recordé que yo estaba segura de que mis padres no me habían informado que mi papá se iba intentando evitar el dolor que podía producirme su partida. Sin embargo, no fue así. Rebuscando junto a mi madre y mi papá en el baúl de nuestros recuerdos, ese que se guarda y permanece en una esquinita del cerebro, resultó que sí me lo habían dicho. Estaban sus amigos en la casa, el mismo día en que saldría por avión, y me explicaron que iba a encontrarse con su mamá, mi abuela Catalina, y que nos reuniríamos pronto porque él nos sacaría de Cuba.

El origen de mi crisis

Mis padres no me avisaron con días de anticipación procurando que no viviera el sufrimiento del desapego durante más tiempo, lo que hubiera sido una despedida prolongada y triste. Les agradezco inmensamente que hayan disminuido el tiempo de mi dolor. No obstante, a mis escasos 6 años me despertaba tristísima porque mi papá estaba lejos. No entendía la dimensión de la distancia y el tiempo. Recuerdo con claridad que pocos días después me enfermé y tuvieron que inyectarme. En medio del llanto llamaba a mi padre para que me acompañara en ese momento, no comprendía aún que a ambos nos tocaba aprender a amarnos desde la distancia.

Novecientas cuatro millas —distancia entre Cuba y Costa Rica, a donde llegó primero y se estableció seis meses— nos separaban físicamente, pero él se las ingenió para mantenerse presente, pendiente, enviándome lo que necesitaba desde ese país que yo desconocía totalmente y del que la única referencia que tenía era el comentario de varios integrantes de mi familia que se querían mudar hacia allí.

Al principio sufrí intensamente, a lágrima viva. Luego me acostumbré a tenerlo lejos y, aunque el dolor permaneció vivo, se hizo más liviano, más llevadero. Recibía sus cartas y llamadas con la ilusión encendida. ¡Saltaba de emoción! Años después, ya en mi madurez, me di cuenta de que la separación física de mi padre fue mi primera crisis. La infancia no está ajena a los dolores del alma y estos dejan, inevitablemente, huellas de quebranto e inseguridad.

El profundo pesar de lo que para mí era una pérdida no fue tratado por ningún profesional. Esa visión sobre la salud mental no existía en aquel tiempo en Cuba y sospecho que tampoco en muchos otros rincones del mundo. Si alguien mostraba algún indicio de problemas psicológicos se le tildaba de loco. Los adultos a veces no comprendemos la intensidad del choque emocional que sufren los niños. En mi adultez, buscando respuestas para algunos de mis problemas, entendí que ese momento de mi vida tuvo consecuencias profundas. El hecho de enfrentarlas, abordarlas y tratarlas ha redundado en bienestar para mí y también para mis hijos, porque siempre procuro ayuda tan pronto atraviesan algún tropiezo, por mínimo que parezca. El distanciamiento de mi padre y posteriormente de mi entorno más querido formó una Rashel con un perfil distorsionado e inestable con el que tuve que trabajar para salir adelante como mujer y como madre.

Enamorada del flamenco

Ahora bien, regresando a mis primeros años, reconozco que a pesar de estar separada de mi padre tuve la bendición de ser una niña muy feliz, rodeada de personas que me amaban y de mucha alegría. En mi familia eran usuales, y todavía lo son, las jaranas, las fiestas, las reuniones... la casa siempre llena, con la familia extendida disfrutando del tiempo juntos entre conversaciones y risas que aderezaban el ritual de colar y tomar café. Sin importar cuáles fueran las circunstancias del momento, el menos era siempre convertido en más. La familia se encargó de protegerme del embate social y político que vivía el país. Me mantenían ocupada, en actividades relacionadas con los estudios, la gimnasia, la mecanografía y, sobre todo, con el arte, materia que siempre me fascinó. Las mujeres de mi familia se propusieron resguardarme y así lo hicieron. Supe de la escasez más adelante, de adolescente, cuando rondaba los 15 años y podía entender.

Fue precisamente durante ese tiempo, a los 6 años, que nació mi pasión por el baile. En la casa había un solo televisor, grande y rechoncho, que emitía en blanco y negro los programas que transmitían los únicos dos canales que se veían en la Isla. Una tarde vi en la pantalla de la tele a una bailaora flamenca. Quedé fascinada, hipnotizada con los giros, las palmas y el taconeo, decidida a bailar con esos movimientos tan rítmicos que brotaban del cuerpo de la mujer.

Desde entonces me enamoré del flamenco y mami y abuela se turnaban para llevarme a la Sociedad Concepción Arenal, donde tomaba las clases en las que aprendí esa destreza que he cultivado toda mi vida. Algo que me encanta y emociona es que mi hija Daniela heredó esa pasión por el flamenco y desde los tres añitos comenzó a aprenderlo. ¡Hasta nos hemos unido para bailar juntas en un escenario!

Un segundo golpe al corazón

Mi abuela Chela siempre supo que no permanecería en Cuba. Aquel estilo represivo de gobierno no iba con ella. Había vivido una vida plena, ya que su esposo era árbitro o ampáyer —ampaya, se decía— y el fruto del trabajo les permitía vivir con mayor comodidad. Tras el cambio de gobierno, mi abuela se percató de la ausencia de posibilidades; no existían opciones y, por tanto, decidió que ese destino no era para ella. Siempre quiso irse de Cuba y así lo decía donde quiera que se encontrara. Estaba tan y tan decidida a emprender vuelo que le decía a mi madre: «Si muero acá, me entierras afuera».

Sus dos hermanas y su hermano se habían mudado a Estados Unidos, y mi abuela Chela ansiaba reunirse con ellos. Chela era de expresión rebelde y dondequiera que estuviera hablaba en contra del gobierno. Finalmente pudo abordar un avión hacia Miami junto a mi tía Danay, haciendo parada en Jamaica, lo que significó para mí un segundo golpetazo al corazón. La separación fue terrible, especialmente para mi madre, quien quedó sin el piso firme y sólido que proveía vivir con mi abuelita. A pesar de que mami ya convivía con mi padrastro Quiquito, le costaba superar la separación. Lloraba a mares. Extrañaba a mares. No podía creer que hubiera llegado el momento en que mi abuela le anunciara: «Ya llegaron los papeles, me voy». Su hermana la había reclamado y podía dejar la Isla con Danay, a quien le permitieron salir porque era menor de 21 años.

Redescubriendo a mi madre

Mi abuela Chela se fue de Cuba en 1985 y su partida me permitió redescubrir a mi mamá. En el proceso aprendimos las dos. Ella aprendió a ser mi madre y yo aprendí a ser su hija, porque hasta entonces mi abuela ocupaba el rol de matriarca y nosotras nos llevábamos como hermanas. Entre las dos construimos una relación fuerte y estrecha, marcada por un amor gigantesco, inacabable, y una complicidad madre-hija que coloreamos con metas y sueños. Celebrábamos el hecho de tenernos la una a la otra y festejábamos cada pequeño logro como si fuera inmenso.

Mi madre se mantuvo firme en proveerme el máximo de educación que estuviera disponible dentro de nuestras limitaciones. Yo seguía inmersa en la danza cuando el Ballet Nacional de Cuba lanzó la Compañía de Baile Flamenco y me convertí en una de sus primeras integrantes. Éramos catorce muchachas y yo la más jovencita. El baile me permitió comenzar a trabajar formalmente a mis 15 años en el Teatro García Lorca, en el que nos presentábamos bajo el ala del Ballet Nacional. Comencé a ganar mi primer dinerito, doscientos pesos cubanos al mes, que en la Isla equivalían a dos dólares.

Continué estudios formales de baile en el Instituto Superior de Arte (ISA), donde obtuve mi título universitario de Licenciatura en Danza, o sea, bailarina profesional especializada en flamenco. Las oportunidades para viajar junto al grupo de baile comenzaron a llegar, lo cual por fin abrió las puertas de mi pequeño mundo para mostrarme que había otra vida fuera de la Isla. Visité países como Nicaragua, Costa Rica, España... El primer viaje fue a Colombia, específicamente a Bogotá. Jamás olvidaré cuando subí al avión, estaba aterrada. Sentía la presión del cuerpo contra el asiento durante el arranque y el despegue, y el pánico de saberme a la altura del cielo —yo que iba a todas partes en bicicleta—, pero estaba dispuesta a encarar mis miedos con tal de viajar, de ver, de disfrutar y, sobre todo, de llevarle dinero a mi mamá para comer mejor. Sí, porque en aquellos tiempos uno se levantaba a diario con dos metas: comer o salir de Cuba.

Esa fue una experiencia increíble. Tuve la oportunidad de conocer una Colombia hermosísima, que distaba mucho de mi realidad. Quedé boquiabierta al llegar, muy impresionada, intentando dominar el *shock* que me producía un país libre y abundante. Recuerdo mi primera vez en un supermercado, impactada con la imagen de docenas de góndolas repletas de alimentos y productos que jamás había visto. En esa primera visita a un país que no era el mío todo se me presentaba en realidad aumentada. Era como mirar a través de una lupa. Los árboles me parecían más verdes, las carreteras más anchas, los lugares tenían un olor distinto. Viví una confusión impactante pero agradable a la que se sumó el encuentro con mi padre, quien viajó para verme. Desde ese momento, mi padre se las ingeniaba para llegar a cada país al que yo viajaba para bailar.

Como parte del grupo de baile me entregaban una mesada, un viático de veinte dólares diarios que para mí valían un millón y que representaban la posibilidad de llevarle dinero a mi madre para comer mejor. Esa era la idea, ganar, ahorrar y llevar. Durante catorce días almorcé y cené *hot dogs* —los que probé por primera vez y me parecían un manjar— para que el gasto fuera solamente dos dólares por día y me pudiera llevar los restantes dieciocho. El atracón de salchichas fue tan grande que no he vuelto a comerlas.

¡Hay otro mundo, mami!

En aquella ocasión ganamos el segundo lugar de la competencia y regresé a Cuba ilusionada con el próximo viaje. Entonces, al llegar a casa sucedía la mejor parte: contarle a mi madre. «¡Hay otro mundo mami! ¡Hay muchos refrescos, muchos panes!», le decía mientras ella iba devorándose cada oración que salía de mi boca con descripciones que le parecían extraídas de una película. ¡Disfrutamos tanto esos relatos! En uno de los viajes, a España, fuimos veintinueve bailarines y regresamos ocho. Ganas no me faltaron de quedarme en ese país tan espectacular, pero no era capaz de dejar a mi madre. Ya lo haríamos luego las dos.

Seguí cultivando el baile como profesión. La danza llenaba mi corazón y mi vida, me entusiasmaba y me hacía soñar. Me gustaba tanto, tanto... De pequeñita, de vez en cuando iba con mis padres a un restaurante que se llamaba Moscú, en el que servían una comida muy rica. ¡Y ponían música! Mi padre se levantaba de su silla, agarraba mis manos pequeñitas y me invitaba a bailar una salsa sandunguera y maravillosa a la cual también se unía mi madre. Así aprendí a bailar, de la mano de ese hombre y de esa mujer que sin saberlo me mostraron un camino que podía seguir y la herramienta con la que más adelante, en un país nuevo y extraño, me ganaría la vida y comenzaría una historia muy diferente.

De la etapa adolescente recuerdo cuando llegó el momento de celebrar mi quinceañero. El patio de la casa —una más grande, a la que por esa fecha ya nos habíamos mudado— se llenó de gente, la música retumbaba alta, fuerte, y yo aparecí ataviada con un vestido blanco, vaporoso, ancho y de enaguas que mi padre me había enviado desde Estados Unidos para la ocasión. No me duró mucho el atuendo, porque pasada la breve formalidad requerida me cambié la ropa y realicé una coreografía de *disco music* y *breakdance* con mis amigos. Te cuento que además del flamenco, en ese entonces yo bailaba *breakdance* con un grupo de amigos. En ese grupo conocí a mi primer noviecito, Tatico, mi amor infantil, quien también se marchó a Estados Unidos en busca de una vida mejor.

Cinco años después, me marché yo junto a mi madre.

Casamiento doble

Tras el divorcio de mis padres, mi madre conoció a Quiquito, con quien mantuvo un noviazgo de quince años. Era un hombre maravilloso y físicamente todo lo opuesto a mi padre. Nelson, mi papá, era un tipo alto, guapo, de cabello negro y tez trigueña, carismático y encantador, con una personalidad arrolladora. Quiquito era de estatura baja, bien parecido, tímido y siempre con muy buen humor. Su amor por mi madre era tan grande que se acomodaba sin chistar a todo lo que ella proponía. La complacía en todo y conmigo mantuvo una relación hermosa y excelente. Su padre trabajaba en el gobierno, lo que le permitía ayudar a su hijo, y nosotras, por ende, vivimos con mayor comodidad.

Nos mudamos a una casa grande, de tres plantas, con patio amplio y césped, que se ubicaba en Nuevo Vedado. En el primer piso vivía Vivian, su hermana, el segundo era un espacio dedicado a una cocina inmensa que se compartía y en el tercer piso vivíamos nosotros con su mamá, Livinia. Esa forma de vida se estilaba mucho en esos tiempos; las familias vivían juntas y quien estuviera mejor económicamente, ayudaba a los demás. En ese periodo de mi vida tuve acceso a determinadas comodidades a las que no estaba acostumbrada. Íbamos a restaurantes y tomábamos vacaciones. No eran viajes a otros países, pero sí paseos y estancias en varios lugares de Cuba, especialmente en la playa, lo que representaba una experiencia muy distinta.

Por primera vez tuvimos aire acondicionado, un aparato pequeñito que lograba refrescar el cuarto en la noche, y que para nosotras era un lujazo. El patio, grandísimo, fue el escenario para la fiesta de mis 15 años. El baño se compartía, pero por primera vez tuve un cuarto para mí solita. ¡Imagínense, para mí solita! La vida nos sonrió con esos años de confort; sin embargo, yo continué en la misma escuela y con mis amistades de siempre. Mami o Quiquito tenían que llevarme a diario a Luyanó, donde estaban mis estudios, mis amigos, mi vida.

En comparación con la vida que llevábamos en Luyanó, en Nuevo Vedado todo me parecía un lujo. Un buen día establecieron una diplotienda que se llamaba Quinta y 42, que era una tienda enorme por departamentos. Tenía un mercado de comida y un mercado de ropa. Para nosotras aquel establecimiento era un parque de atracciones que nos provocaba saltos en el corazón. Al entrar quedábamos extasiadas, devorando con la vista un mundo mercantil totalmente nuevo. Ahorrábamos pesos de la manera que pudiéramos para poder tener alguna cantidad, aunque fuera ínfima, y poder ir a comprar. Solo se podía entrar por invitación de un extranjero y lo lográbamos gracias a nuestra amiga María Eugenia o a su madre, Dora, que eran colombianas.

Fue en la diplotienda donde vi a Juan Alberto, el padre de mi hijo, por primera vez. Quedé como estatua, rígida ante la imagen de ese hombre guapísimo. Creo que en ese mismo instante me enamoré por primera vez. Fue amor a primera vista.

Mientras mi madre cuidaba de mí y de la casa, y organizaba actividades de familia y amistades, Quiquito trabajaba en la Canon, una empresa japonesa que vendía y distribuía artículos relacionados con imagen y fotografía. En ese tiempo la Canon y otras empresas se conocían como compañías mixtas por la alianza que formaban entre dos países. Años después Quiquito fue encarcelado. La economía cubana se agravó, el peso cayó al suelo y las ventajas eran para el dólar. Recuerdo la subida de precios de los alimentos, la falta de energía eléctrica... El país vivía lo que fue llamado «periodo especial», una crisis económica que se disparó al colapsar la antigua Unión Soviética y al recrudecerse el embargo de Estados Unidos. Motivado por ganar un poco más y aliviar el trance monetario de nuestra familia, Quiquito revendió algunos artículos de la compañía. El gobierno lo agarró a él y a otros dos compañeros, y los sentenció de inmediato a cumplir pena de cárcel. Creo que estuvo encerrado año y medio, pero en realidad ese es un trozo de la historia que no me gusta rememorar y que dejo ahí, quietecito, para no lastimar las heridas.

Mi madre y yo siempre anhelamos abrazar una nueva experiencia que transformara la vida que hasta entonces teníamos y que la convirtiera en una mejor, más estable y abundante. Sentíamos temor, por supuesto, pero sabíamos que en nuestro interior habíamos acumulado las destrezas suficientes como para enfrentar el cambio y que emprenderíamos un camino de aprendizaje hacia un mejor futuro. Todo lo vivido, positivo y negativo, nos había convertido en dos mujeres valientes. Era el momento de emprender una ruta distinta, pero no queríamos separarnos de nuestros novios, a los cuales nos unían lazos de amor.

Por ese motivo, mi madre se casó con Quiquito y yo con Juan Alberto el mismo día, en una ceremonia sencillísima realizada sin fiesta, sin algarabía, sin vestidos blancos, ramos de flores ni anillos... Estábamos decididas a salir de la Isla, pero antes debíamos sellar formal y legalmente el noviazgo con el matrimonio. Esa era la única manera de partir con la esperanza de que nos podríamos reunir de nuevo en un futuro no muy lejano, ya que ni Quiquito ni Juan Alberto tenían familiares en Estados unidos que pudieran reclamarlos.

Un tiempo después, mi madre y yo fuimos las primeras en experimentar esos noventa minutos de vuelo que nos cambiaron la vida definitivamente.

Ejercicio 1

Tu selfi interior

Nuestras experiencias pasadas, sobre todo esas que hemos tenido en la infancia, pueden desempeñar un papel positivo en nuestra vida, pero también pueden dañarnos seriamente y atentar contra nuestra realización personal. En esta sección te invito a tener en cuenta los siguientes consejos y a que tomes conciencia de la maravillosa persona que eres. Estos consejos son los siguientes:

1. **Regálate un momento para observar con detenimiento tu pasado.** Busca un lugar tranquilo en el que puedas realizar este ejercicio sin ruidos externos que te distraigan. Nada mejor que sumergirte en un instante de silencio. Concédete, aunque sea por un momento, ser tú la prioridad. Si es necesario, cierra los ojos unos minutos y dale rienda suelta a ese viaje imaginario

que te llevará por un recorrido a través de todo lo que has vivido. Háblate, sí, háblate. El día que entendí que con quien hablo más durante el día es conmigo misma, empecé a ser intencional en esas conversaciones. Me fijé la meta de conocerme, mirarme, observar mis actitudes, estudiarme, aceptarme y cuidarme. Lo haces siempre por los demás, ¿por qué no hacerlo por ti? Y fueron estas acciones las que me ayudaron a caminar hacia mi mejor versión. ¿Te atreves a hacer lo mismo? Anda, recuerda tu pasado, haz memoria del camino, conócete, mírate, estúdiate, acéptate y cuídate... eres un ser bendecido y tienes derecho a todo lo mejor.

2. **Toma conciencia de que en toda experiencia ha habido una enseñanza.** Lo importante no es lo que nos ha tocado vivir, sino lo que hacemos con eso. Te invito a soltar lo que te dañó y a atesorar lo que te aportó. Muchas veces no avanzamos porque nos quedamos apegados al recuerdo de lo doloroso, es decir, extendemos el sufrimiento. Hasta nos victimizamos. Quizás has vivido momentos amargos. Pero ¿sabes qué? No tienes que repetir lo que viviste. La decisión del cambio es tuya, así que hoy decide ser mejor y toma las medidas necesarias para empezar a caminar hacia ello. No te desesperes. Toma tiempo porque es un proceso. Recuerda que la vasija comienza como un pedazo de barro que se va moldeando. Imagínate el proceso, el barro en el torno, el pie en el pedal, las manos mojadas dando forma hasta llegar al envase más bello y perfecto. Sí, toma tiempo, pero vale la pena... *¡tú vales la pena!*

3. **Escribe en este instante, en cualquier papel o en esta misma página, cinco fortalezas que reconozcas que desarrollaste desde tu infancia.** Por ejemplo, la solidaridad, la perseverancia, la humildad, la sensatez, la organización, el

ser valiente, el querer aprender y la disposición; estas son algunas de las muchas virtudes que podrías ver en ti. Todos tenemos capacidades e igualmente aspectos que requieren atención, que necesitan que los trabajemos. Quiero que te enfoques en lo positivo que posees. Seguramente te darás cuenta de que sin querer has olvidado lo valiosa que eres y que, en vez de cinco, tienes muchas fortalezas más.

- _____
- _____
- _____
- _____
- _____

4. **Desde la madurez que has cosechado hasta este momento, echa un vistazo a tu niñez y descubre qué vivencias te marcaron negativamente.** Trabaja con ellas, acéptalas, no te victimices ni te culpes. Si lo entiendes necesario, recurre a ayuda profesional. Hay infinidad de profesionales de la salud que pueden iluminarte en este proceso. ¡Yo lo hice! Aceptar pedir ayuda no te hace menos, sino mejor. El primer paso es el más importante, porque requiere mayor esfuerzo; el segundo y los demás serán mucho más fáciles de dar.

Hoy te digo, amiga mía, que no importa lo negativo que hayas atravesado en tu pasado, entiende que esas vivencias no te definen. Tu ser no se circunscribe a esas experiencias que han quedado atrás, aunque las arrastres con lujo de detalles en tu mente.

Para soltar esa carga emocional que tanto pesa y atrasa es funda-mental que realices un acto de reflexión contigo misma. Es impor-tante reconocer que todo lo que vivimos durante nuestra niñez puede impactar positiva o negativamente nuestras vidas. Y son esas expe-riencias —malas o buenas, dulces o agrias, placenteras o no— las que se convierten en herramientas que puedes utilizar para dirigirte hacia una vida de bienestar. Sabes lo que quieres y lo que *no* quieres.

Es cierto que las experiencias negativas pueden marcarte, pero ¡te tengo una buena noticia! *Hay una forma de sanar las heridas y de restaurar tu corazón de manera que puedas desarrollar todo el potencial que existe en tu interior y vivas a plenitud todo lo que Dios tiene para ti.*

VERSÍCULO
PARA REFLEXIONAR

«No se preocupen por nada. Más
bien, oren y pídanle a Dios todo lo que
necesiten, y sean agradecidos».

(Filipenses 4:6, TLA)

CAPÍTULO 2

Noventa minutos

«AY LULI, ¿ESTAREMOS HACIENDO BIEN?», ME PREGUNTÓ MI madre tan pronto el avión de Pan Am despegó del Aeropuerto Internacional José Martí en La Habana. Lloramos durante todo el camino, los noventa minutos de vuelo estuvieron matizados por un llanto pesado y triste que inició tan pronto la nave alzó vuelo, alcanzó el cielo y vimos por la ventanilla la silueta de nuestra Cuba querida que se iba alejando. La asistente de vuelo no dejaba de mirarnos, supongo que preguntándose el porqué de las lágrimas que se derramaban a ritmo lento por nuestros rostros. A pesar del deseo de partir hacia Estados Unidos, de nuestro convencimiento de que era la mejor decisión y de la emoción que nos producía encontrarnos con mi padre, mi abuela y mi tía, dejar Cuba significaba despegarnos de todo... la familia que teníamos allá, los amigos, la casa, nuestro ambiente, el baile... todo, y especialmente nuestros esposos, Quiquito y Juan Alberto. A mis 21 años sentía que dejaba la vida.

Por mi mente desfilaban los recuerdos de las últimas semanas, que estuvieron llenas de actividades con amistades y familia a manera de despedida. Hicimos de todo con tal de estar juntos porque desconocíamos si esa sería la última vez que nos veíamos o si el destino nos permitiría reencontrarnos. Cada día inventábamos un evento, como si estuviéramos cosiendo una de esas colchas a las que les llaman quilts, que se componen de cuadros de tela que se unen en un mismo diseño y en las que algunas personas pegan detalles y fotos para abrazar a quien se arrope con ellas. No había quilts, pero estuvimos construyendo recuerdos. Llegado el día, el aeropuerto estuvo lleno, repleto, todos los nuestros acudieron a despedirnos, a darnos ese abrazo que no sabíamos si se repetiría y mucho menos cuándo si llegaba a ocurrir.

Quiero que sepas que por nuestra sangre corre el apego. No somos personas de cambios. Es más, nuestras amistades son las mismas que hemos tenido desde hace muchísimos años. Por eso me inquietaba la pregunta que dominaba mi mente y que no tenía contestación: *¿Cuándo los volveré a ver?* Hoy día, la comunicación es fácil gracias a la bendita tecnología, pero era el año 1994 y en Cuba no había acceso a Internet.

Mi madre y yo hicimos el recorrido por el aire —desde La Habana hasta Miami— agarradas de manos, viviendo ambas una mezcla de dolor y a la misma vez del nervio por la emoción que nos producía saber que en poco tiempo estaríamos con papi, mi abuela Chela y mi tía Danay. Yo tenía experiencia volando gracias a los viajes que había hecho como bailarina, pero era la primera vez que mi madre viajaba en avión, así que ella vivía una experiencia nueva y distinta.

A partir de la salida de Cuba y la llegada a Estados Unidos nuestra relación cambió. Desde ese momento, mami comenzó a verme como su apoyo. Fue como si se invirtieran los roles y era ella quien buscaba mis consejos. Mi madre sabía que mi juventud me permitiría acostumbrarme a un país nuevo con mayor facilidad y aprender un nuevo idioma con más rapidez. En cierta manera yo era su soporte y también su esperanza. Ella siempre fue la mía.

Al aterrizar en Miami no sabíamos cómo movernos por el aeropuerto, por cuál de tantos pasillos caminar ni por dónde salir, una incógnita normal en un espacio gigantesco y totalmente nuevo. ¡Lo recuerdo y me da gracia! Todavía agarradas de la mano y cada una cargando un maletín, caminamos por un pasillo que tenía un ventanal amplio, a través del cual busqué con la mirada a mi padre. Lo recuerdo perfectamente, como si fuera hoy, vestido todo de blanco, junto a su esposa Mayra, depositando en el suelo el cargador en el que llevaba a mi hermano Alejandro, que entonces tenía un mes de nacido, para salir corriendo a mi encuentro. Tal y como ocurrió en Cuba, el Aeropuerto Internacional de Miami también estaba lleno. Familia y amistades de la familia que nos conocían por los cuentos que les compartían fueron a recibirnos. Allí estaba mi abuela, mi tía embarazada de su segunda hija, Victoria, llevando de la mano a su niño Juanito y junto a su esposo Juan. Los amigos de mi padre, quienes me conocían como su reina —porque así me llama él, «mi reina»— no quisieron perderse ese momento en el que nos fundimos en abrazos largos y emocionados.

Entonces comenzó el proceso de integración a un país nuevo y diametralmente distinto, que se convertiría en nuestro hogar hasta el día de hoy. Mi abuela y mi tía vivían en Hialeah, una ciudad del condado de Miami Dade en la que se establecieron miles de cubanos que llegaban en busca de la oportunidad para forjar una nueva vida. Habitaban una casa pequeña, de tres cuartos, que para mí era un palacio, mi abuela, mi tía, su esposo, su hijo y posteriormente su bebita, a la que llamaron Victoria. Nos acomodamos como pudimos, mami y yo junto a mi abuela, en su cuarto. Y tal y como lo hacíamos en Luyanó, dormíamos apretujadas ¡Fue maravilloso! Algo que recuerdo con gracia es que saber que me iría a un nuevo país fue tan impactante que regalé toda mi ropa en Cuba. ¡No sé por qué se me ocurrió eso! Pensaba que al llegar me entregarían una bolsa con todo nuevo... cosas de muchacha sumergida en la ilusión de una nueva aventura. Danay y Mayra, quienes siempre fueron muy generosas, corrieron a las tiendas a comprarme todo lo que necesitaba.

El reencuentro con mi abuela nos provocaba mucha curiosidad. No sabíamos cómo sería adaptarnos al hecho de que abuela ya tenía una vida distinta a la que conocíamos en Cuba y nosotras habíamos madurado y crecido. Toda clase de pensamientos rondaba en nuestro interior; sin embargo, nos abandonamos a la certeza de que si algo no podía cambiar entre nosotras, sin importar los años que hubieran pasado, era el amor. Tan pronto pudimos sentarnos a conversar bombardeamos a mi abuela Chela con preguntas y quedamos atontadas durante horas y horas escuchando sus cuentos. ¡Queríamos todos los detalles! Saber qué hizo al llegar, dónde trabajaba, qué le parecía Miami, en fin, todo.

Resulta que tan pronto aterrizó en tierra nueva, ella se dedicó a limpiar oficinas. Era una trabajadora férrea, incansable, y limpiando logró ahorrar el dinero suficiente para sacar a tres de sus cuatro hijos, Eduardo, Rafaelito y mami, porque Danay ya estaba con ella; sin embargo, mi tío Eduardo decidió permanecer en Cuba, pero su dinerito estaba ahí. Me parecía sensacional la capacidad de mi abuela para ahorrar y su estrategia al hacerlo. Cuando recibía un sueldo, separaba una cantidad de dinero y lo colocaba a partes iguales en sobres tipo carta, cada uno con el nombre de cada hijo. Limpiando aquí y limpiando allá ¡hizo magia! En el sobre que le entregó a mami había suficiente dinero para comprar un carrito y para comenzar la gestión de buscar dónde vivir de manera que Danay y su familia pudieran quedarse en su casa con mayor comodidad. Ella se quedó ahí para ayudarlos con el nacimiento de Victoria, pero tan pronto pudo se mudó con nosotras a un apartamentito que quedaba bastante cerca.

Mi primer trabajo en Estados Unidos

Creo que no me equivoco al afirmar que los latinos que llegamos a Estados Unidos no le teníamos miedo a trabajar en lo que fuera y sentíamos agradecimiento por una vida de posibilidades, oportunidades y abundancia. Danay —a quien le llamo Tata desde pequeña— trabajó siempre en oficinas médicas y su esposo Juan en una compañía de electricidad conocida como FPL, aunque tiempo después entró a la Policía, lo que les permitía cierto nivel de comodidad. Nosotras estábamos decididas a comenzar a buscar trabajo; sin embargo, la primera tarea fue completar todos los trámites que sellarían nuestra residencia legal. Había que ir aquí, a allá, a más allá, de oficina en oficina en una gestión ardua y complicada pero necesaria.

Nuestro primer trabajo en Estados Unidos fue limpiando. Sí, limpiando. Esa mujer glamorosa que ocupó durante muchos años la pantalla de la televisión hispana dio el primer paso profesional en su nuevo país limpiando una casa. Sin miedo, sin dudarlo, al contrario, agradecida de que la dueña de la casa nos permitiera ganar nuestro primer dinerito. Era el hogar de una enfermera con quien trabajaba mi tía. Mami y yo, acostumbradas a la limpieza y a la organización extrema, le metimos mano como dos hormiguitas desde las siete de la mañana hasta las nueve de la noche para dejarla reluciente, perfecta. Cuando estábamos a mitad de la tarea nos sentamos muertas de cansancio y nos dio un ataque de risa por lo extenuadas que estábamos, pero decididas a finalizar la organización de aquella casa que no era nuestra. ¡La dejamos brillante!

«Dios mío, estoy muerta», le dije a mami. Creo que fue la primera vez que me acordé de Dios, porque ya saben, la fe no vivía en mí todavía; ni siquiera estaba acostumbrada a invocar el nombre de Dios. La señora de la casa quedó encantada. Sospecho que nos contrató por solidaridad con Danay. Las familias cubanas se caracterizan por ayudarse, especialmente por ayudar a los familiares que recién llegan.

Por otra parte, con el dinero que mi abuela había ahorrado en el sobre, mami pudo comprar su primer carro: un Hyundai blanco, usado, que para nosotras era un maquinón de alta categoría. Mi madre había comenzado a trabajar en una factoría y yo había decidido estudiar y trabajar. Papi me consiguió un trabajo en una joyería en el *downtown*, propiedad de un amigo suyo, a la que me presenté con un deseo gigante, pero sin saber ni una pizca de inglés. ¡Fui una atrevida! Había aprendido a tomar el metrorail hasta donde estaba la joyería. Llegaba tempranísimo y hasta hice amistad con don Sergio, un señor cubano también, dueño de una cafetería en la que me tomaba todos los días un cortadito. No saber inglés me hizo protagonizar unos papelazos descomunales con los clientes que pedían un *necklace* o un *bracelet*, por ejemplo, y yo no sabía que se referían a un collar y a una pulsera porque mi inglés se limitaba a *yes*, *no* y *water*. ¡Todavía lo recuerdo y me río! Creo que el dueño de la tienda me mantuvo únicamente por hacerle el favor a papi. Yo sudaba de la tensión y llegaba a casa atormentada por la vergüenza, aunque también me daba risa.

Entonces tomé la decisión de comenzar a estudiar inglés. A las seis de la tarde, cuando salía de la joyería, iba a una escuela nocturna que se ubicaba en Hialeah para aprender el idioma. ¡Pero no aprendí ni papa! Llegaba cansada, agotada luego de una jornada de horario completo de trabajo. A las clases asistían personas que también trabajaban durante el día y por eso se quedaban dormidas. Entonces le dije a mami: «En esa escuela nadie aprende nada, porque todos estamos demasiado cansados». Pero yo me había fijado dos metas iniciales: aprender inglés y manejar, por eso poco a poco fui aprendiendo, tal y como lo hice con todo lo demás. La vida te presenta oportunidades de crecimiento todos los días y yo las aprovechaba.

Por fortuna, seguí la recomendación de estudiar en el Miami Dade Community College, para lo cual tuve que dejar de trabajar. Siempre he sido muy decidida y enfocada, así que me matriculé, aunque cometí el error de hacerlo en la materia de Computación. ¡Imagínense! ¡Yo que soy un cero a la izquierda para todo lo que tiene que ver con computadoras! Mientras tanto, una amiga de mi madre que también era mi madrina, María, insistía en que debía ser modelo, lo que hubiera significado seguir los pasos de mami, quien en algún momento en Cuba fue modelo de pasarela. Pero no, yo estaba clarísima que lo mío era el baile y me mantuve firme en ello. Tanto así que busqué y rebusqué compañías de flamenco en Miami, pero no las había. Las que encontré tenían sus sedes en Nueva York, a donde yo no iba a mudarme.

Sin embargo, siempre el destino se confabula para complacer. Gracias a Rebeca, una amiga de la infancia de mi madre, con la cual se reencontró, conocí a Nadia, una chica que también bailaba flamenco. Juntas montamos un *show* de flamenco y lo logramos colocar en El Bodegón de Castilla, un restaurante de comida española que amenizaba la comelata con música y danza.

Bailando en restaurantes

Tuvimos éxito. Bailábamos una vez a la semana y ganábamos sesenta y cinco dólares por *show*, lo que para mí era mucho dinero. Nos lanzamos a la conquista de otros restaurantes y nos colocamos también. Nadia se casó, por lo que yo seguí bailando unas veces con un chico, Andrés, y otras veces sola. Trabajaba de lunes a viernes en diferentes restaurantes y a veces, en un día, me presentaba en dos. ¡Me sentía exitosa y millonaria! Creo que el éxito no lo define la cantidad de dinero que ganas, sino la satisfacción que sientes al hacerlo.

¿Y adivinas quiénes estaban en el público en todos los restaurantes? ¡Pues mi madre y mi abuela! Mi papá y su esposa también asistieron varias veces. No me perdían pie ni pisada y me seguían a todas partes para asegurarse de que nadie me dañara.

Durante el día se me hacía duro estudiar el inglés. Ya era adulta y no tenía el oído adaptado a ese idioma. Era mejor en gramática que en pronunciación, pero bueno, puse todo lo mejor de mí y hasta logré adelantar créditos. Como podrás imaginar por lo que ya te conté, la carrera de Computación quedó en el aire, en el olvido. Estaba totalmente convencida de que estudiarla era una locura porque realmente no era una materia para mí. No obstante, aproveché todas las ayudas que se le otorgaban en ese entonces a los cubanos recién llegados para que pudieran estudiar. Si algo siempre he tenido claro es que hay que abrirles los brazos a las bendiciones que aparecen en el camino y ser agradecido, porque en ese tiempo, los cubanos que llegábamos a Estados Unidos teníamos muchas alternativas de ayuda e impulso.

Mi padre vivía en el *South West* de Miami. Él y su esposa Mayra estaban económicamente muy bien gracias a que ambos contaban con buenos trabajos. Papi era el administrador de un edificio que albergaba distintos establecimientos comerciales, entre ellos un banco, el Transatlantic Bank, que a mí me parecía una maravilla... con sus cristales grandes y sus mostradores. Me quedaba boquiabierta observando esa estructura inmensa y moderna. En esa institución tuve la primera cuenta de cheques. Mi ignorancia sobre el sistema bancario me hacía desconocer para qué eran aquellos papeles y cómo era posible que equivalieran a dinero, pero papi me fue orientando. Él me enseñó los primeros conocimientos sobre finanzas. Mayra era *mortgage broker*, es decir, una agente hipotecaria, y ganaba bien, por lo que entre los dos pudieron comprar una casa cómoda, con piscina. Mi padre dirigía un equipo de béisbol. Siempre amó ese deporte y estaba decidido a continuar con ese *hobby*. Con ellos también vivía Mónica, hija de Mayra, a quien papi crio desde chica, y Alex, mi hermanito más pequeño.

Por otra parte, cumplí mi meta de aprender a manejar un auto y eso sí que me producía un estrés total. Las carreteras me parecían montañas rusas, unas serpentinas dobladas y enmarañadas. Mientras conducía, sentía vértigo al ver esas volteretas que me parecían precipicios. Logré vencer el miedo tal y como lo he hecho muchas veces. *El temor es la compañía de todo aquel que se atreva a caminar por nuevos senderos. Es inevitable sentirlo. Pero ese mismo sentimiento, que aparece casi siempre bañado en adrenalina, es el que nos empuja y nos motiva, y vencerlo aporta a nuestro crecimiento personal, sobre todo a la autoestima. Lograr vencer algo que te asusta te impulsa a vencer todo lo demás.*

Llegaron los esposos

Mientras todo esto acontecía y mi madre y yo nos adaptábamos a un nuevo lugar y estilo de vida, Quiquito y Juan Alberto aparecieron de sorpresa en *Key West*, esa área que se conoce como Los Cayos y a la que llegaron a bordo de un crucero que los recogió cuando se quedaron varados en el mar. Así mismo, como lo lees, ¡varados en medio del mar! Corrieron el riesgo de morir, pero Dios los protegió.

Ajenas a lo que estaba sucediendo, recibimos una llamada de ellos en la que nos notificaron que habían llegado a Estados Unidos. Nos quedamos frías, emocionadísimas, pero supersorprendidas. Cansados y desesperados por la lentitud del protocolo de las gestiones necesarias para que mami y yo pudiéramos traerlos, los muy atrevidos decidieron lanzarse al mar en un bote pequeño con motor. Varios intentos no resultaron, pero no cesaron en su empeño. En uno de ellos, la guardia costanera de Cuba pasó cerca y tuvieron que detenerse; sin embargo, no desistieron en su interés. En secreto y complicidad, guardaron algo de comida y agua en unas mochilas, y una madrugada, a escondidas, se lanzaron de nuevo a esa travesía de noches a ciegas por la oscuridad tan intensa que se vive en pleno mar.

No viajaron solos, sino acompañados de un grupo de personas con las que compartían el terror de verse en medio de un mar bravo, comían los pocos enlatados que llevaban y veían a varias mujeres dentro del bote llorar y vomitar hasta las tripas. En cierto punto, el motor se descompuso. No dio para más. Y ahí quedaron, a la deriva, recurriendo a la esperanza de que alguien los rescatara. ¡Pero el milagro ocurrió! Un crucero que pasaba cerca los avistó, los recogió y los trasladó hasta la costa de esa área en la punta de la Florida. Llegaron como balseros.

«Estamos aquí», nos dijeron a través de la línea telefónica dejándonos perplejas. Salimos de inmediato a recogerlos, superemocionadas, aunque durante el trayecto desde Miami hasta *Key West*, que es de unos doscientos sesenta y cuatro kilómetros, nos asaltaron las dudas sobre el reencuentro. No había pasado un año desde que dejamos Cuba y ya éramos otras, o sea, dos mujeres muy distintas. Habíamos madurado, nos habíamos independizado, desarrollamos nuevas fortalezas. Definitivamente, no éramos las mismas que habían salido de la Isla.

Fue un reencuentro lindo y lleno de emotividad que nos permitió comenzar a vivir nuevamente en matrimonio. Quiquito empezó a trabajar en una compañía de carga, y Juan Alberto, quien es cirujano ortopeda, quería revalidar y obtener su licencia para poder ejercer la medicina. Por eso comenzó a visitar oficinas de ortopedas a los que fue conociendo para presenciar cómo eran las consultas ya que, obviamente, la dinámica médica era muy distinta a la de Cuba.

Pero en nuestro caso el tiempo hizo mella en la relación, el cambio de país nos pasó factura y nos separamos. Increíblemente, mami y Quiquito se separaron también. Así como los cuatro nos casamos, así mismo los cuatro nos separamos.

En ese primer año en Miami, además de todas las bendiciones recibidas, recuerdo también que muchas veces me sentí sola. Lloré, extrañé y llegué a plantearme el porqué de la decisión de dejar mi país de origen para irme a otro. Veía y admiraba tanta abundancia, sin embargo, pensaba que no la alcanzaría. Era arriesgada, osada, pero lógicamente sentía temor. No sabía que ese reto me obligaría a evolucionar hasta llegar a ser la mujer que soy ahora, con una capacidad de contemplar la vida como un camino en el que Dios, sin yo saberlo, me ha llevado siempre de la mano.

Entonces, en 1995, llegó la grandiosa oportunidad de *Sábado gigante* a mi vida y con ella un crecimiento profesional que nunca había imaginado.

| # Ejercicio 2

Tu mejor amigo: ¡el miedo!

Así quiero que veas el miedo a partir de ahora, como tu mejor amigo. Todos lo hemos sentido. No esperes hasta que desaparezca para actuar, porque eso nunca pasará. Te propongo aprender a danzar con él... sí, a danzar con él siguiendo los siguientes pasos que te relaciono:

1. **Acepta y reconoce que estás sintiendo miedo.** No te preocupes, sentirlo no te minimiza. El miedo es un sentimiento normal y natural que puede llevarte a una sensación desagradable. El primer paso para enfrentarlo es admitir que ante la circunstancia que vives, el temor se ha apoderado de ti. Internaliza que ese miedo no se quedará contigo para siempre, porque tienes la capacidad y el conocimiento para

vencerlo. ¿Sabes qué te puede ayudar? Declarar en ese instante esta frase: «Decido *no* tener miedo». Esa frase, que a
primera vista puede parecer tan simple, colocará la emoción
que genera el miedo donde debe estar, bajo tus pies. El
miedo, manejado a conciencia, puede servirte de trampolín
hacia el progreso.

2. **Reemplaza esos pensamientos negativos con pensamientos positivos y de empoderamiento.** Una buena idea es
repetir afirmaciones sobre ti misma que sean lo opuesto a
la situación que ves delante de ti. Por ejemplo:

- Soy valiente (repítelo si sientes que no puedes serlo).
- Soy poderosa (dilo si no te crees merecedora).
- Toda experiencia es un reto del que aprendo
  (asúmelo si te sientes fracasada).
- Declaro victoria sobre esta dificultad (siéntelo si
  piensas que no puedes lograr algo).
- Dios está conmigo (afírmalo si te sientes sola en
  el proceso).

3. **Reconoce que nadie es perfecto y que está bien cometer
errores.** *Entonces atrévete a hacer lo que nunca has hecho
para poder alcanzar lo que nunca has alcanzado. Desarrolla
una mentalidad de crecimiento. Esto significa ver los desafíos
como oportunidades para crecer y aprender en vez de verlos como
fracasos.* Recuerda que somos imperfectamente perfectos y
que esos errores que te llevan a sentir miedo —si aprendes
de ellos— son la mejor fórmula para el éxito. Esa es una
decisión que tú puedes tomar ahora mismo. Sé firme en
tu propósito. Cuando estés ante una experiencia difícil o
retadora, detente unos segundos y analiza lo positivo que
puedes obtener de ella.

4. **Toma acción.** ¡Anímate! Esto no quiere decir que te dispongas a actuar irresponsablemente, sino que te pondrás como meta prepararte por un tiempo determinado para entonces poder ejecutar tu plan. No pongas en pausa tus proyectos porque sientas miedo. Aprende a sacarle partido a ese temor encontrando la fuerza para vencerlo. Esa fuerza se trasladará a todas las áreas de tu vida, te lo aseguro.

¡El plan de Dios es perfecto! ¡Guau! Mientras escribo este libro me doy cuenta de que Dios estuvo conmigo en cada momento. Me cuidó, puso a las personas correctas delante de mí, me abrió puertas que jamás soñé. Pero ¿te imaginas si hubiese dejado que el miedo me dominara? No hubiera sido capaz de avanzar, me hubiese quedado estancada como si todavía viviera en Cuba. En mi experiencia, el temor a fracasar es uno de los enemigos más grandes de la transformación de cualquier ser humano, y no me gustaría que tú fueras una de sus víctimas.

Ahora bien, ¿qué es el fracaso? Es el resultado adverso de lo que habías anhelado o planificado. Pero es también una oportunidad de crecimiento, desarrollo y aprendizaje. En los momentos en que sientes que estás derrotada, Dios está a tu lado. Seguramente no te das cuenta, pero está ahí, resguardando tu camino y cubriéndote durante esa vivencia. Por eso no debes tener miedo. No estás sola. El temor puede frenarte, se apodera de tu mente y se convierte en un obstáculo. Sin embargo, si lo miras de frente y lo analizas, lo transformarás en una herramienta poderosa. ¿Por qué siento miedo? ¿A qué le temo? ¿Cuán preparada estoy para este momento? ¿Qué aprendizaje hay para mí detrás de esto que siento? Estas son solo algunas preguntas que puedes utilizar para caminar por encima de ese miedo. Las respuestas harán que tu paso sea seguro, sólido, y con información importante que no tenías antes.

VERSÍCULO
PARA REFLEXIONAR

«Ya te lo he ordenado: ¡Sé fuerte y valiente! ¡No tengas miedo ni te desanimes! Porque el Señor tu Dios te acompañará dondequiera que vayas».

(Josué 1:9, NVI)

CAPÍTULO 3

Luces, cámaras, ¡acción!

ENFRASCADA EN EL FLAMENCO COMO FUENTE DE TRA-
bajo, continué bailando en varios restaurantes y hasta fui contra-
tada por una compañía que se llamaba Ballet Flamenco La Rosa. Se
trabajaba durante seis meses del año y los restantes seis se descansaba. En uno de esos restaurantes conocí a una productora del
programa *Sábado gigante*, de Univisión, quien se me acercó para
invitarme a una audición que se haría para una sección que se llamaba «Las azafatas».

En aquel entonces el canal rival, Telemundo, transmitía el programa español *El juego de la oca*, y en aras de competir, la producción
de *Sábado gigante* quería integrar una sección en la que participaran
muchachas sexis y jóvenes que cantaran y bailaran. Le fui muy clara
a la productora, yo de cantar, nadita de nada, pero el baile sí.

Lo cierto es que vivía enajenada de la televisión que se veía en Estados Unidos. No conocía el programa —increíble pero cierto, porque
era el espacio televisivo que todo el mundo veía— y mucho menos
a su protagonista, el conductor chileno Mario Kreutzberger, mejor
conocido como Don Francisco. No veía televisión porque no tenía
tiempo de hacerlo y no estaba acostumbrada. Sin embargo, lo que sí
tenía muy claro era que ansiaba comprarme un carro y que para eso
debía aumentar mis ingresos. Así que rauda y veloz asistí a la prueba
con la bendición de que faltaba una chica para completar el grupo y
esa resulté ser yo.

Corría el año 1994 y en Univisión se grababa, en el mismo estudio, *Sábado gigante* y *El show de Cristina*. Durante dos semanas

se grababa uno y las próximas dos semanas, el otro. O sea, que participar requería estar presente esas dos semanas que le tocaban al programa. Era yo tan lanzada, y tan ignorante a la vez, que me atreví a decirle al productor, Antonio Menchaca, que tenía que terminar mi trabajo a las siete de la noche porque media hora después ya tenía que estar en mis *shows*.

Me impacta mucho ver cómo el plan de Dios siempre es perfecto y aunque en aquel momento aún no le había abierto las puertas de mi corazón, Él fue colocando cada pieza en su lugar a lo largo del camino hacia mi nueva vida. Un día, en medio del programa, Don Francisco me preguntó mi nombre. «Rashel», le dije con mi acento cubanazo. «Rashel», me dijo, «me toca presentar "La cámara viajera", ¿sabes lo que es?». ¡Imagínense! Esa era la sección más vista por la teleaudiencia y la más antigua del programa. En ella, Don Francisco se desplazaba por distintos países y le narraba al público las culturas y costumbres de cada lugar. «No», tuve que contestarle queriéndome morir ahí mismo. Él creyó que yo estaba jugando. «¿Usted sabe quién soy yo?», fue su segunda pregunta. «No, solo sé que eres mi jefe», le dije. A Don Francisco, una de las personalidades más importantes del mundo latino y desde entonces mi mentor, le pareció graciosísima mi respuesta y hasta refrescante mi desconocimiento. El público se divertía y para él era importante hacer reír a la gente, fuera de manera planificada o de forma espontánea, como ocurrió conmigo.

Desde ese momento, Don Francisco, tal y como hacía con todos los que trabajaban en el programa, me ofreció importantes consejos que influyeron en mi evolución profesional, por lo cual le estoy inmensamente agradecida.

Por último, y gracias a lo que gané, pude comprar mi carro, un Toyota Corolla del 86, rojo y de dos puertas, que me costó dos mil quinientos dólares. Para mí era una nave aeroespacial moderna que me hacía sentir que había logrado lo que me impuse como meta.

Tiempo después, la sección «Las azafatas» llegó a su fin. Sin embargo, otra oportunidad apareció en mi camino. Las puertas de la publicidad se abrieron gracias al empresario Esteban Álvarez, dueño de una agencia de modelaje y a quien también le agradeceré toda mi vida que me orientara para pulirme, crecer y lograr colocarme como modelo de comerciales. En mi mente seguían fijas mis metas: fortalecerme económicamente y estudiar. Me hice un cambio de imagen, tomé clases de dicción y asistí a cuanta audición apareció. Y de repente, como premio al esfuerzo y a no rendirme, aparecieron cientos de comerciales y de campañas publicitarias. ¡Me metí de nariz en esa nueva faceta que se abrió!

Luego de un tiempo regresé a *Sábado gigante* como modelo oficial del programa, lo que dio inicio a un mundo nuevo, ganando más y con un contrato. La estabilidad había llegado. ¡Estaba maravillada! Permanecí diez años en el programa. Mario (Don Francisco) fue determinante en mi vida. Comencé a leer, a tomar distintas clases... entendí que en comparación con las demás y por haber vivido en Cuba, estaba atrasada y en desventaja. Pero estaba decidida a evolucionar, así que me sacrifiqué en tiempos, horarios, esfuerzos, y aprovechaba cada oportunidad. Y sobre todo, aprendía.

De vuelta con mi ex

En medio de esa nueva experiencia laboral regresé con Juan Alberto, de quien llevaba separada dos años. Él iba a casarse y necesitaba que completáramos el trámite de divorcio que nunca habíamos formalizado. Entonces, tan pronto nos vimos en un restaurante, donde acordamos encontrarnos para que me contara sobre su plan de casarse, nos arropó una especie de nostalgia amorosa y supimos que debíamos darnos una oportunidad. Confieso que no lo esperaba, fui decidida a realizar la formalización del divorcio de manera que él pudiera emprender una nueva vida matrimonial. Puede resultar extraño, pero hasta el momento permanecíamos unidos por el estatus matrimonial a pesar de que vivíamos totalmente separados.

Decididos a darle una nueva oportunidad al sentimiento que en un principio nos unió, esta vez viviendo solos, sin nadie más de la familia compartiendo nuestro hogar, retomamos nuestra vida en pareja y nuestro matrimonio. Lo intentamos, y de esa relación nació nuestro hijo, mi primogénito Juan Daniel, en el 1998. Pero, lamentablemente, la infidelidad se entrometió en nuestra vida. Juan Alberto siempre tuvo inclinación hacia los amoríos. Esa es la verdad y yo lo sabía desde que vivíamos en Cuba. Pero uno siempre piensa que el otro cambiará, que modificará su conducta, que hará un esfuerzo por desechar ese «demonio» que interfiere en las relaciones y las daña. O lo peor, uno piensa que puede cambiar a la persona, que puede enderezarla. A pesar de ello, no fue así y al final nos divorciamos. En mi interior no había marcha atrás. Mi corazón no pudo recuperarse de ese golpe, lo que me impidió volver a confiar. Esa fue una de las primeras sacudidas que iban endureciendo mi corazón.

En realidad, pienso que Juan Alberto y yo habíamos cambiado. Y de cierta manera entiendo que era inevitable. Llegar y establecernos en un nuevo país tuvo consecuencias, buenas y malas, en nuestra personalidad, en nuestra forma de ser y de comportarnos. El hecho de dejar tu país y adaptarte a otro totalmente distinto conlleva cambios, tanto en tu personalidad como en tu estilo de vida. La experiencia dejó huellas en ambos. Fue irremediable que los dos cambiáramos.

No obstante, esa tentación que culmina en infidelidad continuó viva en él y entendí que había llegado el momento de terminar nuestra historia como pareja para darle paso a una relación sana como padres de Juan Daniel.

Dios siempre obrando

Por mi parte, seguía sin tener a Dios en mi corazón. No es que rechazara la fe, es que simple y sencillamente no la conocía. No nací ni crecí en un hogar cristiano en el que se nos hablara de Dios y se nos inculcara el valor de la fe. No obstante, Dios seguía ahí, presente, activo, obrando y manifestándose en mi vida. Ahora es que me doy cuenta de que me guiaba, me protegía, y me iba conduciendo amablemente hacia el propósito y la misión que había destinado para mí. Sin llamarle, Dios de repente aparecía. Recuerdo, por ejemplo, cuando los padres de Mariela Encarnación, una modelo y amiga de la República Dominicana, quienes eran personas cristianas, me hablaron por primera vez de la grandeza de Dios. Yonaira, su hermana, me regaló mi primera Biblia. Les agradecí el gesto y los escuché con respeto, pero al llegar a casa coloqué la Biblia en una gaveta, y a Dios también. ¡Engaveté a Dios! ¿Puedes creerlo? Ni apertura ni búsqueda. Nada.

Ese fue el tiempo en que quedé embarazada de mi hijo. Saber que me convertiría en madre me provocó la sensación más hermosa e impactante que he sentido en toda mi vida. ¡Feliz y agradecida! Pero esa contentura llegó acompañada de un poco de temor. No me atrevía a contarle a Don Francisco sobre mi embarazo porque, equivocadamente, pensaba que me despediría del programa. Eran tiempos en que las que trabajábamos frente a la pantalla televisiva debíamos mantener un aspecto físico agradable, unas medidas perfectas. Pensé que el embarazo me impediría seguir como modelo y me haría perder mi trabajo, y eso me aterraba. Pero ocurrió todo lo contrario. Don Francisco tomó la noticia con gran alegría. Es un ser tan creativo, tan humano... «Será la primera vez que seguimos el embarazo de una modelo», me comentó. «Le enfatizaremos a nuestras televidentes que esa es la etapa más bella», añadió.

Desde ese momento, el programa comenzó a televisar mis consultas con el ginecólogo. Cada semana medían mi barriga para descubrir cuánto había crecido. Como parte del contenido me permitieron entrevistar a distintos médicos sobre el tema de la gestación, el embarazo y la llegada al mundo de los hijos. El público conectó conmigo y con el tema de inmediato y fue maravilloso. Juan Daniel se desarrolló y creció en mi vientre frente al ojo público, y los televidentes disfrutaron conmigo de todo el proceso, paso a paso. Hasta el momento en que nació, el público estuvo presente desde el otro lado de la pantalla.

A tono con el nacimiento, mi abuela me había dicho que «los bebés llegan con el pan debajo del brazo». Esa era la frase popular que se le decía a las embarazadas y a los padres para que no se preocuparan por la llegada de un integrante más a sus vidas y la inversión económica que inevitablemente representaba. Y así fue. Nada le faltó a Juan Daniel. Su padre y yo pudimos proveerle todo lo indispensable para su bienestar.

En este tiempo yo seguía trabajando en *Sábado gigante* y atendía los consejos que me daba Mario, quien continuaba dándonos la oportunidad de crecer frente a las cámaras. ¡Y yo crecí físicamente! Un día le comenté que deseaba un trabajo en televisión, pero que no tuviera que ver con mi físico. Me recomendó que probara el periodismo, y que para averiguar si estaba preparada y me gustaba intentara vivir la experiencia con alguna reportera que me permitiera acompañarla en su faena periodística, o sea, al cubrir una noticia. De esa manera descubriría si esa profesión era la que verdaderamente encendía mi pasión. Así lo hice. Apliqué su consejo rauda y veloz y tuve la suerte de que la periodista María Montoya me permitiera vivir el proceso de la cobertura noticiosa y hasta de la edición de la pieza que se transmitía al aire después. Me enamoré del periodismo de tal forma que me matriculé en la Universidad Internacional de Florida (FIU, por sus siglas en inglés) para estudiarlo formalmente.

Dos años después, ya con mis estudios en curso, me enteré de que en el canal estaban realizando una audición en busca de profesionales para una edición de noticias que planificaban transmitir en el horario de la mañana. Me presenté a la prueba, la hice y me aceptaron. Pero como no me había graduado aún, la directora de noticias, Helga Silva, me hizo prometerle que terminaría la carrera y que le traería el título que me certificaba como periodista.

¡Mi faena diaria era una locura! Me levantaba a las dos y treinta de la mañana y a las cuatro de la mañana ya estaba en el canal para trabajar en Noticias 23, luego regresaba a la casa, atendía a Juan Daniel y volvía al canal para grabar *Sábado gigante*. Mi madre y mi abuela me ayudaban con el niño. Siempre fueron solidarias con mi deseo de superarme y siempre se los agradeceré. Ciertamente me agotaba, el cansancio casi me ganaba, pero a las metas hay que imprimirles esfuerzo y continuidad con la certeza de que se conseguirán. No se trata de que sueñes con algo y te sientes a esperar que llegue como lluvia del cielo. Debes dar los pasos necesarios para caminar hacia esa meta, para alcanzarla.

Dios nos da sueños no solamente para soñarlos, sino también para vivirlos; eso lo tenía muy claro, así que los perseguí con pasión y con su respaldo. Por eso no me canso de repetir, una y otra vez, que en todo este proceso, Dios estaba presente sin yo saberlo. Me abría puertas, me protegía y me guiaba hacia ese propósito que había destinado para mí.

¡Me olvidé de mí!

Conocí a mi segundo esposo, José Miguel Velázquez, gracias a Mario (Don Francisco), cuando este último envió a las modelos a tomar clases para la voz. José Miguel es un compositor y productor venezolano, excelente profesor, y con el que mantengo una relación maravillosa. Somos los padres de Daniela, mi segunda hija, y resulta curioso que su esposa Carolina, mi esposo Carlos, José Miguel y yo nos llevemos magníficamente, lo que redunda en beneficio para el desarrollo de nuestra hija.

Tengo que reconocer que con José Miguel viví un matrimonio excelente. Sería injusto y falso decir lo contrario. Pero yo llevaba a cuestas la carga de mi primer fracaso y, sin saberlo, actuaba para que no ocurriera otra vez. Sin darme cuenta, adopté la manera de ser, de actuar y de comportarse de José Miguel. ¡Me olvidé de mí! Asumo la responsabilidad de este suceso que nació de mi terror al fracaso. Mi voz fue enmudeciendo y, por tanto, la relación matrimonial no era sostenible. Ambos comenzamos a crecer en nuestras aspiraciones y profesiones. Calladamente y de manera orgánica me incliné hacia otros horizontes. Al final, cada cual perseguía su propio rumbo. El cambio en mi personalidad y las metas individuales —no como pareja— afectaron el amor que nos unió en un principio. Gracias a Dios pudimos conservar nuestra solidaridad como padres, lo que le dio espacio a una relación armoniosa y a la complicidad que debe mantenerse entre los padres de una criatura.

Entre José Miguel y yo, el respeto y el amor por Daniela es nuestro punto de encuentro y nuestro deber más importante. Al separarnos hicimos acuerdos claros. Jamás le hablaríamos mal del otro a la niña, participaríamos en todo lo referente a su vida y respetaríamos la opinión de cada uno de nosotros ante cualquier decisión que se debiera tomar. Ha sido fantástico mantener este convenio y mi corazón se llena de gozo al ver que hemos sido leales a estos acuerdos creados para el bien de nuestra hija. Daniela tiene ya 21 años y ha crecido en bienestar y llena de amor.

A pesar de que el divorcio con José Miguel transcurrió cordialmente, en mi interior se desataba un tornado de emociones no saludables. Era la segunda ocasión en que fracasaba en el área matrimonial y eso me afectaba. No encontraba la fórmula para llevar un matrimonio duradero y exitoso, que era lo que más ansiaba en la vida: un hogar estable, una relación permanente, una convivencia duradera. Sin temor a equivocarme, me atrevo a asegurar que ese equilibrio sentimental y esa seguridad de pareja eran no solamente mi sueño, sino el de miles de mujeres que también se han sentido fracasadas y destrozadas. Cuando analizo ese trozo de mi vida, me doy cuenta de que no incluí a Dios en mis anhelos de mujer, esposa y madre.

De hecho, al vivir ese segundo divorcio fue que enfrenté mi punto anímico más bajo y peligroso: la depresión.

Ejercicio 3

De lo malo también se aprende

¿Te ha pasado que hay algún episodio de tu libro de vida que quisieras borrar y que quizás deseas que nunca hubiera sucedido? Tranquila que a todos nos pasa. Tal y como acabo de contarte, jamás hubiera querido que ninguno de mis dos divorcios ocurriera. Yo quería y ansiaba una relación perfecta. Pero Dios nos muestra que, en sus manos, todo, absolutamente todo, obra para bien. *¡De lo malo también se aprende! Las experiencias te han convertido en lo que eres hoy. No importa lo que vivas, Dios tiene la última palabra y siempre, aunque no lo veas en el momento, es para mejor.*

Entonces te recomiendo que trabajes con esas experiencias amargas. Cambia el rechazo y el dolor por el agradecimiento, el resentimiento por una nueva clase de amor y el arrepentimiento por esa motivación que funcionará para tu mejoramiento personal. Aquí te explico cómo hacerlo:

1. **Separa un tiempo, diariamente, para dar gracias por todo aquello que posees.** No me refiero a cosas materiales, aunque no hay nada malo en ello, pero aprecia el simple hecho de respirar, de ver, de poder escribir, de los abrazos que puedes regalar, de tu sonrisa, del agua, de los árboles... Aunque no lo creas, con bastante frecuencia olvidamos esas cosas simples y no las valoramos lo suficiente, sino que las damos por sentado, *for granted*, como dicen en inglés. Para esta reflexión te sugiero buscar unos minutos y un espacio en el que puedas pensar tranquilamente, despejar tu mente, mirar a tu alrededor y darte cuenta de lo mucho que tienes. ¡No importa lo que hayas perdido, valora lo que tienes! Cuenta tus bendiciones y te asombrarás de la riqueza que ya tienes. Conviértete en una persona agradecida y ¡verás el efecto!

2. **Proponte cada semana ayudar a alguien que esté en necesidad.** Usualmente nos enfocamos en lo que atravesamos y en lo que nos falta, pero nos olvidamos de mirar a nuestro alrededor para poder ser sensible a la carencia de los demás. Sí, es cierto, pasamos experiencias muy amargas, pero vale la pena salir imaginariamente de ese espacio para darnos cuenta de que podemos superarlo y que mucha gente que nos rodea está igual o peor. No limites tu amor por otros, repártelo a manos llenas y verás que hacerlo expande tu corazón y trae una sensación de gratitud inigualable, porque estás dejando a un lado el egoísmo y el protagonismo para darle el primer lugar a otro ser humano que no eres tú. ¿Alguien necesita que le proveas alimento? ¿Hay alguna persona cercana que necesita que la escuches? ¿Sabes de algún caso en el que alguien requiera aportación monetaria? ¿Alguna persona que está pasando por un tiempo de tristeza necesita urgentemente un abrazo?

3. **Escribe en una hoja de papel un momento difícil de tu vida.** Puede ser un suceso que quizás no quieras recordar, pero que hoy, con valentía, decides mirarlo de frente. Y ahí, cara a cara frente al asentimiento de dolor, vas a sumergirte en el fondo de tu corazón y vas a buscar algo por lo cual agradecer. No es difícil hacerlo, te lo prometo. Te aseguro que encontrarás al menos una cosa por la cual pronunciar esa palabra que tantas puertas abre: *gracias*. Quizás aprendiste a darte a respetar, a prepararte más, a opinar con mayor fuerza o a rechazar una acción negativa. ¡Son tantas las enseñanzas que se esconden tras un evento negativo! Te exhorto a que documentes todo tu proceso; más adelante te encantará ir hacia atrás para leer dónde estabas y cuánto has progresado.

Te garantizo que vivir en gratitud, aun en medio de los tropiezos, te convertirá en un ser más feliz. Agradezco desde el fondo de mi corazón cada una de las experiencias mencionadas en este capítulo, porque la suma de todas ellas me ha transformado en la mujer que soy hoy, y porque al mirar hacia atrás veo que Dios iba manejando mi caminar a cada paso. Tomando en cuenta mi vivencia, al llegar al final de este capítulo te invito a que agregues a tu rutina uno de los hábitos más enriquecedores que puedes practicar: *agradecer*. Da las gracias por lo bueno y también por lo que aparenta no ser tan bueno, pero que luego Dios lo convierte en tu gran aprendizaje.

Tengo un cuaderno de agradecimientos en el que cada día expreso las gracias por cinco cosas diferentes. En el ejercicio no puedes repetir ningún agradecimiento durante los trescientos sesenta y cinco días del año. El reto me lo sugirió Marlene Montaner, y desde que lo comencé a hacer he visto el cambio en mí. Esta práctica te lleva a borrar la queja y a pintar el agradecimiento. ¡Prepara tu cuaderno de agradecimientos! No es una tarea complicada. Busca una libreta, la que quieras, la que te guste, y desígnala como un cuaderno en el que escribirás a puño y letra tu agradecimiento por todo. Será una acción que realizarás en complicidad contigo misma. Te aseguro que será una experiencia fantástica.

¡Aprovecha el cuaderno para expresar y redactar las afirmaciones que te levantarán el ánimo y el espíritu a diario!

Afirmaciones para todos los días

Aquí te presento las mías. Las repito todos los días antes de salir de casa. Hazlas tuyas o escribe las que broten de tu corazón:

1. Soy una mujer poderosa.
2. Confío en lo que Dios depositó en mí.
3. Creo en el propósito de Dios para mi vida.
4. Soy fuerte y valiente.
5. Soy una mujer calificada por Dios.
6. Me siento tranquila al hablar en vivo, delante de audiencias grandes.
7. Mi fe es inquebrantable.
8. Impacto la vida de miles de mujeres.
9. Tengo la sabiduría que viene de Dios.
10. Me atrevo a soñar en grande.
11. Tengo finanzas estables y abundantes.
12. Camino en amor con todos a mi alrededor.
13. Soy ligera para perdonar a quienes me lastiman.

VERSÍCULO
PARA REFLEXIONAR

«El corazón gozoso alegra el rostro, pero en la tristeza del corazón se quebranta el espíritu».

(Proverbios 15:13)

CAPÍTULO 4

La depresión... Cuando perdí a Rashel

TE CONFIESO QUE ESCRIBIR ESTAS LÍNEAS ME CUESTA BAS-
tante esfuerzo, porque me llevan a revisitar un tramo triste de mi
vida en el que pude haber corrido el riesgo de no levantarme jamás
o, como a otras tantas personas les pasa, perder la vida. Todos los
días de mi existencia agradezco haber salido airosa y haber vencido
este episodio que te voy a contar, y sobre todo, que Dios haya puesto
frente a mí la salida hacia el encuentro con la Rashel que soy hoy.

Tal vez estés viviendo lo que yo atravesé, por eso voy a contarte mi
experiencia, porque somos muchas las mujeres que caminamos un sendero de tristeza y oscuridad que puede arrebatarnos la alegría de vivir.

En estos momentos estoy escribiendo y mientras lo hago derramo
mis lagrimitas, aunque por fortuna son de felicidad, ya que pude
escapar de las garras y las consecuencias de la depresión. Si tú también enfrentas esta terrible afección, te deseo lo mismo. Hoy hago
el ejercicio de visitar imaginariamente mi pasado para contarte mi
experiencia y que, si así lo necesitas, pueda servirte de ayuda.

Permíteme decirte que la depresión, según la definen las autori-
dades médicas, es un trastorno emocional que conlleva una tristeza
profunda que, a su vez, conduce hacia la pérdida de interés. Es como
que los síntomas se entrelazan y se convierten en un tornado arrollador
en tu interior. Si alguien de tu entorno ha padecido depresión, sabes
lo sumamente triste que es ese estado y cuánto sufre la persona, sufrimiento que es extensivo a su familia. Sí, quienes te rodean también
viven un trago amargo, porque ven cómo tu vida se apaga y piensan
que tienen las manos atadas para apoyarte y que esto no suceda.

Si tienes la bendición de no conocer la depresión, te explico que en principio aparecen unas banderas de alerta, síntomas que salen a la superficie y que pudieran parecer simples, pero conducen a un pasadizo del que puede no haber vuelta atrás. Esas banderas pueden ser falta de apetito y de sueño, no querer levantarse de la cama, no preocuparse por el aseo... Son algunas de las señales de que la mente está sufriendo, que está entrando a un terreno árido y de angustia.

Para tu conocimiento y desde mi experiencia, te relaciono algunos de los signos que pueden ser indicativos de que te urge recibir ayuda profesional: la fatiga, la falta de energía, el cansancio inexplicable, el aislamiento de tu entorno (no quieres compartir con nadie), una tristeza profunda, las ganas de llorar todo el tiempo y el desinterés en lo que antes te animaba. Desde ahora, antes de que sigas leyendo, quiero decirte que si experimentas esos síntomas y sientes una depresión extrema que no puedes vencer y que está afectando tu vida, debes buscar ayuda inmediata. Hay excelentes profesionales de la medicina especializados en la salud mental, preparados, capacitados y con la mejor voluntad de ayudar a rescatarte a ti misma.

Esta condición afecta nuestro comportamiento y se traslada desde la mente y el espíritu hasta el cuerpo físico. Hoy puedo reconocer que, en mi caso, la depresión fue como una pequeña chispa de fuego que se originó en mi interior, cuya llama fue creciendo y quemando todo a su paso hasta convertirse en una brasa ardiente, gigantesca y amenazadora. Ese fuego lastima y golpea tu ser y te apaga. Se siente como un salto desde lo alto de un precipicio por el que caes hacia un túnel completamente oscuro donde se extingue toda alegría y toda ilusión. Nada te anima, nada te apetece y nada te estimula. Es horrible. Te entierra en una tristeza que se siente como una arena movediza profunda y espesa que te detiene, que te imposibilita caminar y que se traga tu alegría de vivir. La depresión es un estado triste, muy triste, y de solo recordar lo que viví se me arruga el corazón.

En el proceso, que no ocurre de repente, sino que se va acumulando día a día, perdí lo más importante de mi vida, lo que es mi norte y mi horizonte: me perdí a mí misma. No podría señalar exactamente cuándo comenzó o cuál fue el detonante preciso. Tampoco recuerdo cuánto tiempo pasé perdida y extraviada en ese laberinto, sumergida en una tribulación interior que gracias a Dios y a las atenciones de médicos expertos pude vencer.

Lo que sí me quedó clarísimo de esa vivencia tan terrible es que mi lucha contra la depresión y mi victoria final me dieron uno de los propósitos más hermosos y significativos de mi vida: ayudar a las mujeres que lo necesitan. Parece irónico, pero mi lucha contra el estado depresivo se convirtió en la semilla de la que floreció el programa «De menos a más», a través del cual entreno a mujeres que se sienten menos, que creen ser poco merecedoras, quienes viven con la autoestima lastimada y machacada, para que se decidan a salir adelante y crezcan en el proceso. Y te reitero lo que mencioné en el «De mí para ti» del capítulo anterior: de lo malo se aprende. ¡Es increíble! Un periodo tan horroroso se transfiguró de tal manera que de él germinó una plataforma positiva de ayuda.

Me llama la atención algo que resulta irónico, en la escuela nos enseñan materias como Matemática, Geografía, Historia, Ciencia, etc., pero no incluyen en sus currículos un módulo de estudio sobre nuestro mundo interior. No se nos educa sobre lo vital que es mantener la salud mental. No se nos guía en la importancia de enfocarnos en nuestro crecimiento personal, de reforzar ese espacio interior desde el que tomamos decisiones. No se nos enseña a desarrollar el autocontrol de nuestras emociones y a saber dónde puedo buscar una validación correcta de lo que somos y lo que sentimos. ¿Dónde busco que se me valide? ¿En lo que piensan los demás, en lo que opinan de mí o en el valor que viene de la perfecta creación de Dios? Los golpes que he recibido en la vida me han hecho aprender que esa validación de la que te hablo debe venir de la fuente correcta, que es Dios, no de los seres humanos. Lo que me importa y atesoro es quién dice Él que soy yo. Por eso mi propósito fundamental en este mundo es agradarle y mantenerme dentro de su voluntad.

Estoy plenamente consciente de que Dios me ayudó a renovarme, a recuperarme, a amarme y a encontrarme nuevamente para que ese periodo de quebranto se convirtiera en un conocimiento que pueda servir para darle luz a otras mujeres que como yo en aquel momento sienten que no son capaces de generar un cambio extraordinario en sus vidas. Sin embargo, sí eres capaz de encontrarte, sí eres capaz de vencer la depresión, sí eres capaz de transformarte y sí eres capaz de rediseñar tu vida. Que no te quepa la menor duda.

Quiero pensar que viví esa aterradora experiencia para formarme; para convertirme en la amiga de esas mujeres que la atraviesan hoy; para ser un apoyo que las impulsa, las guía, las lleva, las levanta y les da las herramientas necesarias para salir victoriosas y ser imparables. ¡Cuánto hubiera deseado encontrar una luz en mi camino! ¡Cuánto agradezco poder iluminarte hoy! ¡Cuánto agradezco ser un instrumento de Dios para que descubras que sí puedes, que eres capaz y que lo que estás viviendo ahora es temporario!

Dos matrimonios, dos fracasos

Como te conté en el capítulo anterior, tal y como tantas otras mujeres, siempre anhelé disfrutar de una relación sentimental sólida y estable, y obviamente de una familia. Con sinceridad te digo que desde muy chica ese fue mi sueño, amar y formar un hogar. Como te imaginarás, las infidelidades de mi primer esposo se sintieron como una puñalada al corazón. Por otra parte, el fracaso de mi segundo matrimonio me hizo creer de manera equivocada que el amor no era para mí. ¿Conoces ese sentir? ¿Has pensado que el amor no te toca, que no es para ti?

Dos matrimonios, dos fracasos. Es irónico, en ese entonces gozaba de éxito en la televisión, conducía el programa *Levántate* de Telemundo y aparecía a diario frente a la pantalla de millones de televisores mostrándome alegre y espléndida. La depresión no se notaba, y ese precisamente es uno de los puntos más delicados de la condición. Puedes tenerla y no saberlo, o quienes componen tu entorno no lo notan. Sin embargo, por dentro me sentía muerta.

Acababa de divorciarme de José Miguel, con quien pensé que duraría toda la vida. Me sentía fracasada, hundida. No me quedaba más remedio que levantarme a diario para trabajar porque tenía que ser el sostén económico de la familia. Tuve la grandísima bendición de tener a mi lado a mi madre. Ella se paraba bajo el marco de la puerta de mi habitación y me hablaba con firmeza. Igualmente, la presencia de mi familia y amigos no faltó. Pero la madre es la madre, es el apoyo principal, y la mía nunca me soltó de la mano. También el apoyo de quienes te rodean, incluso siendo familia extendida, es importante en tu recuperación. Pero ¿sabes qué?, hay mujeres que logran luchar contra la depresión y ganan la batalla sin contar con nadie a su alrededor. Cualquiera que sea el caso: tú puedes.

En busca de ayuda

Entre tantas bendiciones que Dios me regalaba a través de mi madre, mis familiares y amigos, pude atenderme con una psicóloga, una excelente profesional que de inmediato se dio cuenta de que mi condición requería atención psiquiátrica y medicación. Sí, aunque no lo creas, aquella Rashel festiva y entusiasta necesitaba con urgencia ser atendida y medicada. Algunas personas sienten miedo al reconocer que necesitan ayuda y les da vergüenza admitir que la buscaron, especialmente cuando se trata de psicólogos y psiquiatras. En mi caso es todo lo contrario. *Reconocer que necesitamos luz y guía es el primer paso hacia la recuperación y la señal de que allá dentro, en ese torbellino que parece que te cubre, todavía estás tú.* ¿Vergüenza, temor? ¡Para nada! Haber dado ese paso me convirtió en mi propia superhéroe y es el elemento que me conecta con miles de mujeres que, ojalá, encuentren en mi historia el ánimo para superar la suya.

En aquel entonces, Dios no había llegado a mi vida, digo, eso creía yo, porque como les he dicho, siempre estuvo presente, callado, caballeroso, llevándome de la mano, aunque no me diera cuenta. En medio del embate del segundo divorcio lo llamé. Sí, llamé a Dios. Bañada en lágrimas y con el cuerpo doblado sobre el suelo le hablé por primera vez. «Si tú existes, ayúdame». Puede sonar atrevido de mi parte, y ciertamente lo fue, pero en medio de la desesperación y el dolor, mi clamor salió disparado de esa manera. Y así lo hizo. Me condujo con su sabiduría por el camino hacia mi recuperación. Sin embargo, en vez de dedicarme a seguirle, ahí lo dejé. Nunca más le hablé al Padre. Engaveté la Biblia, lo llamé y luego no le hice más caso, ¡válgame, Rashel! En otras palabras, recibí bendición y así mismo le di la espalda a quien me bendijo, a quien hizo la obra. ¡Qué tremendo eso!

Las sesiones con la psicóloga fueron estupendas. Verdaderamente la intervención de un profesional de la salud es determinante. En las citas, y como parte del proceso, tuve que enfrentarme a mí misma, ir en busca de Rashel, definir lo que me gustaba, lo que no, lo que quería, lo que no. De acuerdo con su análisis, mi depresión comenzó a echar raíces con el episodio de la partida de mi padre de Cuba. Resulta que mi mente de niña procesó su partida como si fuera un abandono, o sea, lo interpreté como rechazo. Entonces, sin darme cuenta, buscaba parejas intentando reconquistar a ese papá que en mi psiquis me había dejado, aunque no fue así, sino que mi mente infantil lo vio de una manera equivocada.

Buscando esa pareja que rememorara a mi padre cometí el error de convencerme de que debía amoldarme a los gustos y a las preferencias de la otra persona. Me guardaba los corajes intentando no discutir y me ceñía a su personalidad para evitar que se alejara. En esos intentos dejé de ser lo que siempre fui para ser la sombra de ellos. Por eso digo que perdí a Rashel, me perdí a mí misma. La búsqueda de la figura paterna estaba tan presente en mi mentalidad que mi primer esposo era diez años mayor que yo, o sea, un hombre maduro que se acercaba a la figura de mi padre. Era tanto así que en su personalidad tenía características parecidas a papi; era un hombre carismático que dondequiera que iba llamaba la atención, un conquistador por excelencia. Igualito a mi papá. El campo de mi interior estaba totalmente libre y abierto para que me inundara la depresión, no me tenía a mí.

Con toda sinceridad te digo que los medicamentos antidepresivos que tomé me ayudaron mucho. Confieso que, al principio, como tantas otras personas, sentí miedo de ingerirlos porque sé que hay un riesgo real de que ocasionen adicción. ¡Sentía terror de entrar en una dependencia adictiva! Siempre he gozado de buena salud y no estoy acostumbrada a medicarme, así que mi preocupación era válida. La idea de tomarlos me asustaba; sin embargo, la doctora me explicó que la medicación era necesaria en el proceso porque su efecto es mejorar el estado de ánimo, lo que ayuda a la hora de batallar contra la depresión. Entonces, solo tenía dos opciones: o los tomaba o permanecía en el estado en el que estaba. Opté por tomarlos teniendo cautela, siguiendo las recomendaciones al pie de la letra y estando consciente de que era una medida temporal en mi curso hacia la recuperación.

Los medicamentos y el protocolo de consultas médicas fueron fundamentales para poder seguir con mi faceta profesional, en la que tenía que continuar dándole al público mi mejor sonrisa y todo mi potencial. Mientras tanto, calladamente y en privado, luchaba para salir de ese infierno mental y emocional. Fue una etapa dura, ardua, pero lo logré. Pude conectar conmigo misma, me redescubrí y aprendí a amar mis virtudes y a trabajar con mis defectos para corregirlos.

Mira cuán dependiente era de mi pareja y a qué nivel se perdió la Rashel de siempre que un día, en una de las consultas, la doctora me pidió que le describiera el tipo de música que me gusta. Luego de pensar unos segundos le contesté: «Me encanta la música alegre, bailable, la música que me conecte con el ritmo caribeño que llevo por dentro». «Okey, busca y chequea la música que tienes guardada y que escuchas», me pidió la doctora como parte del ejercicio que estábamos realizando. De inmediato busqué mi iPod. ¿Recuerdas aquellos aparaticos pequeños en los que guardábamos nuestra música favorita? Ahora se hace en los teléfonos, pero en aquellos tiempos el iPod era lo máximo. Revisar mi selección musical me dejó perpleja. ¡Hasta había extraviado mis gustos! La música que tenía guardada era la que le gustaba a José Miguel. Parece un detalle liviano, pero no lo es, y esto me hizo despertar al hecho de que había silenciado hasta mis preferencias.

En aquel momento sentí pena por mí. Me entristecí al comprobar que esa dependencia nacía de la falta de amor propio. Pero no todo estaba perdido. Saqué fuerzas de donde pude, me puse en marcha y me enfoqué en redescubrirme, en buscar mi esencia. El camino hacia el restablecimiento de mi yo fue largo, ¡pero valió la pena! Reconecté con todo lo bello, único y poderoso que Dios depositó en mí desde el día en que me creó.

Nuestra salud mental y nuestro bienestar deben ocupar un lugar de prioridad en la vida de cada una de nosotras. Es imposible ocuparnos de los demás y cumplir con nuestros deberes familiares y profesionales si no estamos bien. Se hace, sí, pero a medias, no con nuestra energía activada y completa. Además, se pierde la alegría de vivir.

El ejercicio requirió trabajar con mi yo. ¿Quién soy? ¿Qué quiero? ¿Qué cosas no quiero? ¿Cuáles son mis fortalezas? ¿Cuáles son mis virtudes? ¿Cuáles son los aspectos negativos que debo cambiar? ¿Cuáles son las actitudes recurrentes que no me hacen bien? ¿Desde qué lugar en mi *yo* tomo las decisiones? Me hice estas preguntas para poder encontrarme y aliviar todas las áreas que estaban lastimadas.

Con la ayuda médica pude descifrar el origen de mi depresión y entrar en un plan supervisado para combatirla hasta salir airosa y renovada, con ganas de vivir. Me alejé de la toxicidad, retomé mi alegría y de nuevo volvieron a aparecer los colores brillantes que te hacen disfrutar y reír. Volví a la esencia de mi ser, a la Rashel que siempre fui y que estaba escondida y herida. Era como estar en cuclillas en una esquina de la habitación, sola, en esa pose, agachada y abrazando las piernas... ¡Dios mío! Tomé de nuevo el camino y emprendí junto a mi familia y, sobre todo, mis hijos una ruta de bienestar con todas las ganas y las fuerzas de mi corazón. Me enfoqué en ser la mejor madre posible, la mejor hija posible, la mejor amiga, la mejor sobrina... la mejor Rashel posible.

Ejercicio 4

Conviértete en una mujer segura

No hay duda de que la inseguridad atenta contra nuestro bienestar y es un mal que suele aparecer con bastante frecuencia para robarnos la paz y llenarnos de una inquietud que siempre está presente. No ocurre de la noche a la mañana. Por tal motivo resulta tan importante hacerle frente cuando vemos que nuestra seguridad se va perdiendo, derramándose como el agua entre los dedos. Es necesario buscar la seguridad, alimentarla y mimarla, porque será una de las herramientas determinantes para tu progreso. Nutrir nuestro sentido de confianza debe ser una asignación diaria. La única forma de hacerlo es, precisamente, haciéndolo, y de esa manera nos iremos entrenando para ver lo bueno en nosotras y así poder alimentar el amor propio. A continuación enumero algunos pasos que puedes realizar día a día para lograr ser una mujer imparable y que conoce su valor:

1. **Escribe cinco virtudes que sabes que tienes.** Seguramente lo primero que vendrá a tu mente es lo que no te gusta de ti. Ese es el enemigo queriendo mantenerte atrapada. Pero no le hagas caso y busca en tu interior lo bueno. Lee esas cinco virtudes cada día para que tu cerebro las procese y digiera. Escríbelas en una notita y colócala en el espejo, en la computadora, en la nevera, en dondequiera que puedas verla a diario para que recuerdes lo grandiosa que eres. ¡Te aseguro que lo eres!

   • _____

   • _____

   • _____

   • _____

   • _____

2. **Escribe tres actividades que te llenan de energía, te animan y te motivan.** Por ejemplo, las mías son el ejercicio, sentarme frente al mar y leer la Palabra de Dios. En vez de esperar a estar desanimada para practicar esas tareas, las pongo como prioridad en mi calendario de la semana y no me permito cancelarlas. Así garantizo mi cuidado emocional. No importa cuáles sean las tuyas, escríbelas para que tu interior reconozca que debes hacerlas siempre que puedas, para que funcionen como un motor que te ayude a marchar hacia delante. Es más, comprométete a realizarlas cada semana, sin falta. Usualmente las mujeres nos sentimos culpables por agarrar un tiempo solo para nosotras. No realizamos ciertas

actividades porque sentimos que nuestro deber es consentir e impulsar a los demás. Nada más incorrecto. Tienes el derecho, y mereces dedicarte tiempo, invertir en ti. Y cuando menciono la palabra «invertir», me refiero a tiempo, compromiso y energía.

- _____

- _____

- _____

3. **Identifica cuáles actitudes de tu pasado no quieres repetir.** Trabaja cada día en dejar esas actitudes atrás. Quiero que comprendas que esto será un proceso que tomará el tiempo debido, pero te garantizo que si a diario lees las notas que acabas de escribir, el amor por ti misma irá creciendo. Cumplir este compromiso contigo misma te transformará en un ser con una energía contagiosa. Y en este camino, la alegría será tu mejor compañera.

4. **Ponte como meta aprender algo nuevo.** ¡Sí! Puede ser un idioma, cómo establecer un negocio, cómo desarrollar un talento, etc. ¿Qué tal practicar una rutina de baile? Lo que sea de tu agrado. Cuando nos retamos, salimos de nuestra zona de comodidad y esa acción expande nuestro potencial. ¿Por qué? Pues porque pisamos un terreno nuevo en el que tenemos que poner en marcha todas nuestras ganas y destrezas. No debemos perder jamás nuestra mentalidad de aprendiz.

Quizás no te lo hayan dicho nunca, o hace tiempo que no lo escuchas, así que quiero que te grabes este mensaje en tu corazón:

- Eres muy amada.
- Eres valiosa.
- Eres poderosa.
- Eres única.
- Eres fuerte.
- Eres valiente.

Sobre todo, tienes un extraordinario propósito en esta vida y solamente tú puedes cumplirlo porque ha sido creado única y exclusivamente para ti.

En este mundo hay personas con una autoestima baja y otras, al contrario, la tienen muy alta. Pero nuestra meta debe ser tener una autoestima sana. ¿Quisieras tenerla? En el Anexo que aparece al final de este libro te presento un material de estudio que utilizo con mis alumnas. Son cuatro pilares que puedes aplicar en tu estilo de vida. Recuerda bien que somos lo que hacemos todos los días. La repetición es fantástica, sobre todo si se trata de progresar. Lee esos cuatro pilares e inclúyelos en tu rutina para que vayas de menos a más en tu amor por ti misma. Te aseguro que cuando los apliques verás unos resultados muy favorables.

De este periodo de mi vida aprendí que debo cuidar y proteger el amor por mí misma. ¿Cómo se logra? Manteniéndonos conectadas a la fuente correcta: ¡Dios! Su fiel amor siempre estuvo presente. Él me ayudó a renovarme y estuvo ahí todo el tiempo, aunque yo no estaba consciente de eso, para mostrarme el sendero que me llevaría a la gran bendición que representa el poder ayudar a otras mujeres que se encuentran en esa triste situación y que puedan recuperarse.

VERSÍCULO
PARA REFLEXIONAR

«Aunque cambien de lugar las montañas y se
tambaleen las colinas, no cambiará mi fiel
amor por ti ni vacilará mi pacto de paz».

(Isaías 54:10, NVI)

CAPÍTULO 5

Puerto Rico, mis hijos, mis finanzas y yo

CUANDO NOS MUDAMOS A PUERTO RICO, DANIELA TENÍA 3 años y Juan Daniel, 10. Dejamos Miami porque acepté el ofrecimiento de participar como figura principal del programa mañanero *Levántate*, que se transmitía desde la Isla del Encanto por la cadena Telemundo hacia todo Estados Unidos. Fue una invitación que me llenó de regocijo, una oportunidad que siempre había soñado porque expandía mi círculo orgánico de trabajo y significaba un reto que traía consigo un cambio de país.

Recuerdo perfectamente cuando llamé a mi madre para contarle. Comenzó a llorar de inmediato. «¿Separarnos por primera vez? ¡Ay, hija mía!», exclamó tan pronto escuchó la noticia, «nunca nos hemos separado». Para ella la oportunidad que se me presentaba tenía un sabor agridulce. Se alegraba y emocionaba por mi éxito, por esa puerta que se abría a todo lo ancho ante mí para que creciera profesionalmente. Pero como a toda madre, al mismo tiempo le angustiaba saber que no estaríamos juntas, y mucho menos cerca, que mil cuarenta y cuatro millas, es decir, mil seiscientos ochenta kilómetros, nos distanciarían físicamente. «Mami, es necesario y estaremos bien», le expliqué a manera de consuelo, a pesar de que también por mi rol como madre la entendía perfectamente y me solidarizaba con su sentir.

Con mis amigas íntimas ocurrió igual. Debía decirles a Rosiris —una hermana que me regaló la vida— y a Dessi. Las tres nos hacemos llamar «Las inseparables», un trío apretado en ese sentimiento puro, desinteresado y fuerte que es la amistad. En «Las inseparables» tuvimos que hacer espacio para Orli, el esposo de Dessi, y por eso entre risas le decimos «el colao». Mis amigas y Orli me han acompañado en cada triunfo y en cada tristeza. Hemos llorado y reído juntos y somos una roca de apoyo, cada cual para los demás. El amor es tan grande que entre Rosiris, Dessi y yo hicimos un pacto, un compromiso para prometer que la distancia nunca sería motivo de separación y quedamos en hacer todo lo necesario para mantener ese lazo que nos une. Y así lo hemos hecho.

La experiencia del traslado a Puerto Rico representó una prueba contundente, una prueba de fuego, como dicen por ahí. Mami se fue conmigo en el inicio para ayudarnos a establecernos, pero luego regresó a Miami para cuidar a mi abuela Chela, en cuya mente ya residía y crecía el Alzheimer. Le hablamos a mi tía Nancy, hermana de mi padre, para preguntarle si quería irse a vivir con nosotros y ayudarme con los niños. Gracias a Dios aceptó el ofrecimiento, y su presencia fue una ayuda de incalculable valor durante nuestro primer año en Puerto Rico. Pero al igual que mi madre, la tía Nancy tuvo que regresar a Miami y me tocó buscar a alguien en el lugar que pudiera apoyarme.

A fin de cuentas, nos quedamos solos, Juan Daniel, Daniela y yo... totalmente solos en un país que comenzábamos a conocer. El cambio en nuestra rutina diaria hizo que nos uniéramos, que nos enlazáramos, que creciera en mi rol de madre para tomar las riendas de sus vidas y de la mía sin tener la ayuda de los míos, que estaban en Miami. Fue una experiencia decisiva y muy retadora como familia, que requirió un esfuerzo extra de mi parte.

Recuerdo que me levantaba todos los días a las cuatro de la mañana para iniciar el corre y corre que conllevaba la rutina diaria. María, una señora que contraté como apoyo, llevaba a los niños a la escuela y al finalizar el programa yo salía corriendo y los recogía. Era una rutina fuerte, tal y como la de tantas madres solteras que se encuentran en igual momento y posición. Creo que Dios nos capacitó con la fuerza suficiente para cumplir ese rol, que es el más importante de la vida misma.

Puerto Rico me obligó a convertirme en una mujer independiente. Tenía que ser independiente, sí o sí, no había opción. Ahora sé que no está bien, pero en esa etapa tuve que asumir el papel de madre y el de padre, lo que representaba una doble encomienda para la cual las mujeres no estamos diseñadas. Fui de un extremo a otro como en un salto de vara, o como se le conoce en el mundo deportivo, de pértiga, es decir, desde la posición en que mis anteriores esposos se hacían cargo de todo hasta tener que desenvolverme solita en todas las áreas. Quiero aclararte que si te toca hacerlo porque estás sola, por supuesto que lo haces, tal como me pasó a mí, pero debemos estar claras en que la función de padre no es la nuestra, le corresponde al papá. Mi inmersión en ambos roles fue tanta que cuando posteriormente comencé mi matrimonio con Carlos, mi actual esposo, había olvidado el espacio que debía tomar y ocupar un hombre en mi vida. Estaba acostumbrada a funcionar sola y a cubrir ambos roles. Tuve que hacer un esfuerzo para romper con mi costumbre de encargarme de todo para permitir que él se ocupara de sus tareas. Créanme que no resultó fácil. Desaprender me costó, lo confieso. Pero igualmente descubrí que desaprender y soltar es la clave para aprender y abrazar las responsabilidades pertinentes a mi deber.

Me explico, en una pareja cada cual tiene su rol, su lugar y su responsabilidad. Así que este episodio me trajo grandes enseñanzas que apliqué en mi actual matrimonio. Aprendí a desprenderme de ciertas responsabilidades y a dejarle el camino libre a Carlos para que se ocupara y se desenvolviera en su función. De esa manera, yo me hago cargo de las mías como mujer, como madre y como esposa.

Nuevas destrezas y habilidades

La isla de Puerto Rico ocupa un lugar superespecial en mi corazón porque me hizo comprobar mi capacidad y mi preparación para enfrentar cada nuevo día. Descubrí y eché mano de las herramientas con las que estaba equipada y que yo desconocía que se hallaban en mi interior, listas para utilizarlas. *Es asombroso cuántas destrezas y habilidades tenemos dormidas en nuestro interior, que están ahí para ser puestas en marcha y, sin embargo, no nos damos cuenta.* En momentos como este que te cuento es cuando rebuscamos en nuestra personalidad y en nuestro interior, entonces las encontramos y echamos mano de ellas para salir adelante.

Si me hubiera quedado en Miami quizás no me habría tenido que enfrentar a un nuevo panorama en el que tenía que aprender a ser autosuficiente y a procurar el bienestar de mis hijos y el mío. En este país encontré una comunidad cubana hermosa, establecida desde muchos años ahí y con unos lazos de hermandad asombrosos. Me sentía como en casa. Tuve la suerte de estar en una isla que guarda parecido con la mía, o sea, que no estaba en un área geográfica totalmente extraña en arquitectura, clima y gente. A eso se suma que tuve la fortuna de hacer grandes amistades, mientras que profesionalmente crecí y me destaqué mostrando el potencial que hasta ese momento había cultivado. Vivir lejos de la que hasta entonces había sido mi ciudad de residencia y separada de los míos requirió que respirara profundo y pensara: *Rashel, respira, vamos, tú puedes*, e hiciera un esfuerzo físico y emocional enorme. Pero con ese empeño logré confirmar que tenía la sabiduría y la fortaleza para salir adelante, tal como las tienes tú. ¡Todas las tenemos! Dios me bendijo grandemente en ese capítulo de mi vida y derramó sobre mí la *estamina* y el conocimiento que necesitaba para adaptarme y salir victoriosa con nuevas fuerzas.

Aprendiendo a manejar mis finanzas

Aún estaba fresco todo lo vivido con mi divorcio. Me encontraba arrastrando el dolor que me había ocasionado mi segundo fracaso matrimonial, vivía en un nuevo país, tenía un nuevo trabajo y una nueva situación financiera. ¡Era mucho y a la vez! Entonces, obligatoriamente, tuve que educarme en finanzas. Hasta ese momento, los temas de dinero los habían llevado mis esposos, así que de golpe y a empujones me encontré ante el desafío de manejar de forma inteligente el dinero que generaba de manera que cubriera nuestros gastos. Confieso que había instantes en los que quería tirarme al suelo a llorar. ¡Y lloraba! Pero después de un tiempo razonable de desahogo me secaba las lágrimas y continuaba. Tenía dos opciones: quedarme llorando o aprender a llevar mi nueva vida.

De ese segundo divorcio salimos ambos trasquilados en las finanzas. Mi exesposo no era sabio en esa materia, por lo que al divorciarnos, en vez de dividir ganancias, dividimos deudas. A pesar de generar buen dinero, me vi sin nada. Dinero que entraba, dinero que salía... pagos, pagos y más pagos eran la orden del día. ¿Te suena familiar? La triste realidad es que la mayoría de los divorcios traen consigo dificultades económicas para ambas partes involucradas.

Entonces me dije: *¡Rashel, nunca más!* No me quedó más remedio que ponerme las pilas, me llené de voluntad y me propuse aprender. Cada vez que un experto visitaba el programa de televisión para una entrevista, le hacía muchísimas preguntas. Aprovechaba cada oportunidad, por mínima que fuera, para saciar la sed de conocimiento en esa disciplina que es una columna importante en la seguridad del hogar. Sí, el dinero es importante. No lo es todo, pero te da seguridad.

En esa tarea de aprender jamás me confundí: ser financieramente saludable era necesario. Me decidí a ser económicamente exitosa. Entusiasmada por la información que recibía de los entrevistados en el programa, comencé a tomar cursos de cómo ahorrar, cómo presupuestar, cómo invertir, cómo saldar deudas, cómo negociar, y cómo hacer todo aquello que pudiera sumarme conocimiento. Nunca es tarde para aprender a enderezar los asuntos monetarios que sostienen el hogar. Me puse seis meses como término para saldar mis deudas, me concentré, puse todo mi empeño, y así lo hice.

¿Qué medidas tomé en beneficio de mis finanzas?

Como primer paso, diagramé un presupuesto mensual que me permitió ver, en blanco y negro, el estatus de mis ingresos y mis egresos. Ese documento me facilitó una visión clara de los ajustes que debía realizar en el manejo de mi dinero. No fue nada complicado, sino solo un papel en el que vacié todos mis ingresos y todos mis gastos para tener el panorama completo de la situación económica.

Después, abrí una cuenta de ahorro para depositar cantidades que prometí no tocar. Mucha gente se asusta y no la establece porque entienden que deben depositar grandes cantidades de dinero. Pero no es así. Cada ingreso, por pequeño que sea, va sumando y aumentando la cantidad inicial y puede significar una diferencia enorme en la salud financiera.

Con posterioridad, restablecí el crédito que había quedado afectado tras mi segundo divorcio. Lograrlo no fue algo inmediato, tuve que analizar bien el estado de mis finanzas y tomar decisiones, por ejemplo, establecer pagos automáticos para que no se me olvidaran —ya saben, andaba como loca entre el trabajo y mis hijos— y no se lastimara ese número que determina cuán apto estás para hacer ciertas compras importantes como casa, carro, etc. o solicitar préstamos necesarios. Lo logré pasito a pasito.

También hice un plan de pago para saldar las tarjetas de crédito. ¡Esas tarjetas al tope son un horror! Llamé a las instituciones financieras y me impuse un plan personal para pagarlas y no arrastrar esa deuda que pesa y ahoga mensualmente... y, lo peor, si pagas la cantidad mínima establecida te puedes tardar años en liquidarla y que al final el monto sea mucho mayor que el inicial.

Cuidé los famosos gastos hormiga. ¿Gastos hormiga?, preguntarás. Pues te cuento que son esos gastos pequeños que se hacen por aquí y por allá. Compras alguito hoy, otra cosa mañana y a fin de mes, si los revisas, suman una buena cantidad y hasta nos hacen un hueco en la cartera. Tuve que ser muy pero que muy astuta porque, ya saben, las mujeres, por coquetería, hacemos ciertas compras que a veces están de más y que como son de pequeñas cantidades, las dejamos pasar.

Por eso siempre digo que la experiencia en Puerto Rico fue una escuela en todo el sentido de la palabra y que mis recuerdos de esa isla tan bella forman parte de mi evolución y crecimiento.

Una nueva etapa

De manera sorpresiva, cuando me encontraba en Puerto Rico, el amor llegó nuevamente a mi vida. Me enamoré por tercera vez y viví un noviazgo durante tres años. Se llamaba Lisandro. Al inicio fue un amor muy lindo, pero los celos comenzaron a asomarse en la relación. Él venía de un divorcio, de situaciones que no había sanado, y mi trabajo como figura pública provocaba cierta inseguridad en él. De pronto nos encontramos en un ambiente de celos por parte de ambos, peleas y conflictos constantes que fueron perjudicando la relación.

Mi noviazgo pasó de ser una relación estupenda a una relación con tonalidades tóxicas. Nos resultaba imposible vivir el uno sin el otro; sin embargo, no durábamos ni tres días juntos sin discutir. Fortalecida por mi proceso de aprendizaje, con plena conciencia de lo que estaba ocurriendo y él entendiendo lo mismo, pusimos fin a ese noviazgo que no era saludable para ninguno de los dos.

Por otra parte, mi vida profesional enfrentó otro cambio. A finales del 2010, Telemundo decidió trasladar el programa *Levántate* desde Puerto Rico hasta Miami. Para mí significaba regresar a casa feliz y satisfecha del crecimiento y la evolución que había logrado. Nos habíamos acostumbrado a vivir en ese hermoso país, y me encantaba que mis hijos estuvieran aprendiendo a hablar y escribir en nuestro idioma español, pero igualmente me emocionaba la idea de regresar a los míos y me aliviaba saber que no tendría que viajar cada quince días para visitar a mi familia, cosa que me agotaba. Así que, en diciembre de ese año, Juan Daniel, Daniela y yo pisamos de nuevo Miami. *Levántate* inició una nueva etapa en la que compartí el rol de conducción con Daniel Sarcos, Omar Germenos y Azucena Cierco. Fue una etapa estupenda, divertida y de gran crecimiento profesional.

Antes de terminar con este capítulo quiero regresar al tema del noviazgo para comentarte algunas reflexiones sobre mis experiencias pasadas. Haciendo un recuento y mirando hacia atrás, elijo no sentir culpabilidad porque estoy más que convencida de que los fracasos vividos eran parte de mi proceso. No digo con orgullo que he tenido dos divorcios, pero sí acepto que Dios convirtió mis lágrimas en aprendizajes valiosos para rectificar lo que no estaba bien. Creo que su plan conmigo era muy claro y consistía en servirle acompañada de un esposo que también quisiera servirle. Por eso miro esas relaciones como experiencias que me forjaron y me prepararon. El hecho de haberlas vivido me condujo por el camino en el cual clamé a Él, le reconocí como mi Salvador y me convertí en la Rashel que soy.

Ejercicio 5

Prospera en tu vida dejando
de hacer estas cuatro cosas

En esta sección te presento una serie de consejos que si los aplicas en tu diario vivir te aseguro que te serán de mucha utilidad, porque romperás con algunos esquemas que has interiorizado y que constituyen un freno que no te deja avanzar más allá. Al final de cada consejo, hazte la pregunta sugerida.

1. **Deja de procrastinar.** En los años que llevo entrenando a otras mujeres he podido notar que la procrastinación, que significa aplazar, es uno de los enemigos más recurrentes del ser humano. Muchas personas aseguran que realizarán cinco cosas y al final solo hacen una, y en muchos casos ninguna. O sea, la misma persona se detiene. Si tú formas parte de ese grupo, te invito a que hoy decidas decirle *basta* a ese enemigo que entorpece tu avance.

¿Qué tareas suelo posponer con frecuencia y qué emociones o pensamientos me llevan a hacerlo?

- _____

- _____

Prueba dividir tus tareas en pasos pequeños y manejables e implementar una forma de recompensarte en cada paso.

2. **Deja de querer agradarles a todos.** Buscar tu validación en otros es una muestra de baja autoestima. Piensa lo siguiente, _nunca_ vas a quedar bien con todo el mundo. Así que en vez de depender de la opinión de los demás, de lo que hagan otros o de las tendencias que estén de moda, te propongo rodearte de personas que te inspiren y motiven para que puedas aprender de ellas y desenvolverte de manera independiente. Si lo haces, podrás enfocarte en trabajar diariamente para ser tu mejor versión. Ahora bien... ¡Cuidado con la persona a la cual le dedicas tu tiempo! Dicen que somos el resultado de las cinco personas con las que más tiempo pasamos. ¡Revisa!

¿Actúo de esta manera para satisfacer mis propias necesidades o para cumplir las expectativas de los demás?

- _____

- _____

Escribe en un diario las situaciones en las que sientes la necesidad de agradar a los demás y analiza por qué te sientes así. Esto te ayudará a identificar patrones y a centrarte en lo que realmente es importante para ti, en lugar de buscar la aprobación externa.

3. **Deja de vivir en el pasado.** El pasado se fue, quedó atrás, y la realidad es que no podemos cambiarlo. No obstante, sí podemos aprender de él. Recuerda que, como ya te dije, tu pasado no te define. Dios quiere hacer cosas grandes y diferentes contigo, pero si visitas el pasado con frecuencia será imposible, porque corres el riesgo de quedarte ahí, estancada. El amor de Dios no busca calificación, sino disposición. ¿Estás dispuesta a liberarte de esa prisión? Sé que eres capaz de eso y de mucho más.

   ¿Qué recuerdos o eventos del pasado sigo reviviendo, y cómo afectan estos pensamientos mi bienestar emocional y mis decisiones actuales?

   - _____

   - _____

   Incorpora actividades o prácticas nuevas en tu rutina diaria que te ayuden a estar más presente y consciente del momento actual. Como por ejemplo, cada noche, antes de dormir, escribe tres cosas por las que te sientes agradecida ese día.

4. **Deja de compararte con otros.** Repite conmigo: *soy única*. ¿Entiendes lo que eso significa? Simple y llanamente quiere decir que Dios te hizo irrepetible, así que no pierdas tiempo mirando hacia la vida de otra persona. Es muy común hoy en día caer en esa trampa de compararse. Las redes sociales nos muestran vidas perfectas, cuerpos envidiables y un estado de felicidad que se sale de toda realidad. No todo lo que ves es cierto. ¡Aprende a distinguir! Tú tienes infinidad de virtudes, talentos y habilidades que se te concedieron en el preciso momento de tu creación. Descúbrelos y úsalos.

¿En qué situaciones tiendo a compararme con otras personas?

- _____

- _____

Practica pensamientos o afirmaciones positivas para recordarte tu propio valor y progreso.

Por alguna razón, seguramente por nuestra condición de seres humanos, tenemos una manera esquiva de enfrentar las pruebas que llegan a nuestra vida. Te invito a mirar los procesos difíciles o los retos con alegría. ¿Qué quiero decir con esto? ¿Te quedaste sin trabajo? No pierdas tiempo lamentándote, empieza a hacer una lista de las empresas en las que puedes aplicar. O decídete, y de una vez y por todas atrévete a convertirte en una empresaria. ¿Estás llena de deudas? Edúcate sobre el tema para que no regreses jamás a esa situación. Lo que estoy tratando de mostrarte es que el problema no es el tamaño de la dificultad, sino con qué actitud enfrentamos la adversidad, ¿entiendes?

Una de las estrategias que más me han ayudado a transformar mi vida es entender que todo lo bueno requiere sacrificios de mi parte. Por tanto, cada vez que llega una prueba a mi vida, yo celebro. Ahora debes estar pensando: *Creo que Rashel está loquita.* Pero no, no lo estoy, lo que pasa es que entiendo que mientras más grande es la prueba, más grande es la bendición. Parecería lo contrario, pero las pruebas no destruyen, las pruebas nos reconstruyen y nos permiten avanzar.

No prolongues el sufrimiento. Es justo y necesario llorar, pero también lo es limpiarte la herida que produjo el golpe cuando te caíste, pintarte los labios de rojo, levantar tu autoestima y seguir.

VERSÍCULO
PARA REFLEXIONAR

«La bendición del Señor es la que
enriquece, y Él no añade tristeza con ella».

(Proverbios 10:22)

CAPÍTULO 6

Entonces conocí a Dios

AL REPASAR LAS EXPERIENCIAS QUE AQUÍ TE HE CONTADO, Y desde otro punto en mi madurez espiritual, he reconfirmado que Dios estuvo siempre presente en mi vida, especialmente en los momentos duros y fuertes. Sé que esto lo he repetido en varios capítulos, pero no me canso de decirlo porque es verdaderamente impresionante. Él fue paciente, me guio y me dio luz siempre, a pesar de que yo no le hacía caso a su presencia y a su llamado. Solo lo llamé cuando la depresión amenazó con romperme en pedazos y, sin tener en cuenta que Él me había conducido hacia mi salud emocional, lo dejé ahí, de lado, sin llamarle más y sin abrirle las puertas de mi corazón. Sé que no soy la única, que a muchas y muchos les ocurre igual. Acudimos a Dios cuando lo necesitamos, cuando estamos enfermos, en peligro, en precariedad... y el resto del tiempo, nos olvidamos.

Si estamos en «las buenas», gozando de buena salud, si la vida nos sonríe, no nos acordamos de Dios. Sin embargo, en cuanto algo negativo aparece en nuestro sendero, cuando alguien nos hace daño o sentimos miedo por enfermedad o inseguridad, entonces sí, en ese momento sí que nos acordamos de que Él existe. Ya les digo, a mí me pasó, y ahora lo pienso y me arrepiento. Es más, hasta me pregunto qué hubiera sucedido si le hubiera aceptado antes. ¿Cómo habría sido mi vida? ¿Hubiera evitado los golpes ocasionados por dolores, traiciones y fracasos? Quizás no, porque atravesar esas experiencias me forjó, me moldeó tal y como sucede con una vasija de barro moldeada por su alfarero. Pero les aseguro que esas experiencias las hubiera vivido con mayor fortaleza agarrada de la mano de Dios, sabiendo que no estaba sola y que su manto me cubría con protección y dirección.

No me cuestiono ni me castigo por no haberle hecho caso, porque estoy convencida de que Dios, en su inmensa sabiduría y bondad, tiene un momento perfecto para todo. Lo conocí y lo acepté de una manera extrañísima que recuerdo con emoción. Al regresar de Puerto Rico a Miami, estaba en busca de un salón de belleza donde arreglarme mis manos. Mis amados amigos Orlandito y Dessi me recomendaron un establecimiento en Hialeah que quedaba cerca de Telemundo, por lo que me resultaba conveniente. Allí comencé a atenderme con Irma Rossié, una manicurista encantadora. Irma es cristiana y con ella entablé esa relación cercana que nace y se desarrolla en las peluquerías, y que promueve cariño y confianza. Desde el día uno me habló de Dios y después lo hacía cada semana mientras me atendía. ¡Nunca claudicó!

Era el año 2011 cuando la conocí y yo me convertí en el 2014, lo que significa que Irma estuvo obsequiándome palabra durante tres años. «Busca de Dios», me decía cuando le contaba de mis intentos por encontrar una pareja. Sin embargo, yo no le hacía caso, no asistía a las conferencias a las que me invitaba y ni siquiera escuchaba los discos compactos de música cristiana que me regalaba. Me iba a la playa, de viaje, me enfocaba en mis hijos, en mi trabajo y en mi deseo de seguir alcanzando éxitos.

En el programa de televisión donde trabajaba me valoraban, me asignaban tareas importantes y me daban la oportunidad de mostrar mis destrezas como conductora y entrevistadora. Sinceramente fue un excelente momento profesional. Varios compañeros fueron retirados del espacio televisivo pero yo, aunque con tristeza por verles partir, seguía vigente y permanente. Vivía la plenitud de mi carrera y me regocijaba en ello sin pensar en que Dios me estaba buscando y que encontrarle sería el momento más significativo de toda mi vida.

Irma continuaba invitándome a conocerle, a aceptarle. Agradezco profundamente que jamás haya desistido en su deseo de que conociera a Dios y que ella se convirtiera en el vehículo para ese extraordinario momento. Un buen día, mientras me arreglaba las manos, esa mujer a quien llevo en mi corazón recibió una llamada telefónica. «Quiero hablar con la persona que estás atendiendo», le dijeron. Irma se quedó perpleja, superasombrada, pero me pasó el teléfono y lo acepté; yo no sabía quién era aquella mujer y ella desconocía quién era yo. Después supe que su nombre es Adelsy, una profeta, una mujer de Dios que sin conocerme me habló con firmeza. El mensaje que Dios me envió a través de ella fue directo y me dejó de una pieza. «No me conoces, pero te tengo un mensaje», me dijo Adelsy. «Dios te está llamando hace rato y tú sigues negándote, sigues dando la vuelta, dándole la espalda. Dios me manda a decirte que llegó el día».

Mientras yo permanecía congelada en la silla y sin poder creer lo que escuchaba, Adelsy comenzó a decirme cosas sobre mi vida y mis parejas. Comencé a llorar. «Dios quiere que le abras las puertas de tu vida. ¿Estás dispuesta?», me preguntó. Entre lágrimas le dije que sí. «Haz la oración de fe conmigo», me pidió. La hicimos, así como les cuento, sentada en una mesa de manicura, con todas las clientas que estaban allí mirándome y sin entender por qué estaba atacada en llanto.

«Ahora comienza tu camino con Dios»

Lo cierto es que yo no sabía lo que era la oración de fe, esa hermosa manifestación entre tú y Dios en la que le abres la puerta, te arrepientes de tus pecados y le aceptas como tu Salvador. Al reconocerle, le das permiso para que entre a tu vida y la revolucione con una transformación impactante y maravillosa. Dios no entra en la vida de quien no quiera, sino que espera con paciencia por ti. «Ahora comienza tu camino con Dios», me dijo Irma.

Esa tarde, al salir de la peluquería, entré a mi carro incrédula por el episodio que había vivido. Desconocía lo que tenía que hacer desde ese instante en adelante. Poco a poco comencé a buscar música cristiana que me gustara, prédicas con las que conectara, alabanzas, en fin, a educarme en la fe. Me tomé mi tiempo para educarme. Poco a poco me di cuenta de que al escuchar esas prédicas, esa música y alabanzas me sentía tranquila, alegre, mi estrés bajaba y mi mente se calmaba. Era un baño de paz. Algo en mí cambiaba y me producía una sensación fantástica de paz y emoción que me aliviaba y me hacía sentir bien.

Me sentía tan bien y tan tranquila en mi interior que comencé a visitar iglesias en busca de una que me gustara. Quería congregarme, pero necesitaba una casa espiritual en la que estuviera a gusto. Déjame explicarte antes de continuar con mi historia que al establecer una relación con Dios tienes plena libertad para buscar una iglesia en la que sientas que vives una experiencia especial. No tienes que asistir a esta o a aquella que las personas te digan. Cuando encuentres la que es perfecta para ti te darás cuenta. Dessi y Orli me invitaron a Casa de Alabanza. ¡Me sentí tan feliz! Fue ahí donde comencé a nutrirme y a crecer en la dinámica de relacionarme con Dios. A partir de ese momento, ya no había vuelta atrás. Dios había llegado para siempre.

La entrada de Dios a mi corazón me trajo varios retos, especialmente en la comunicación con aquellas personas que estaban en mi entorno, cuando les contaba sobre la nueva vida en la que me estaba encaminando. Sabía que unos se sorprenderían, otros dudarían y algunos otros levantarían bandera. Pero yo estaba lista y decidida.

Cuando le conté a mi mamá lo que me había ocurrido en la peluquería y el llamado directo de Dios que yo había aceptado, se preocupó. Era obvio, ambas nacimos y crecimos sin conocerlo. «Ten cuidado amor», me dijo, «no quisiera verte convertida en una fanática de esas que pierden el equilibrio o que se dedican a convencer a la gente para que asistan a la iglesia». La entendí perfectamente. Es cierto que en el camino encontramos personas que viven la religio-sidad en vez de cultivar y mantener una relación con Dios, que son dos cosas totalmente diferentes. Pero yo estaba clara y segura de que quería caminar el sendero de la verdad y sabía que necesitaba realizar un cambio determinante en mi vida. Algo me decía desde mi interior que esa relación con Él era lo que necesitaba. Años des-pués, ¡mi madre también aceptó a Dios! ¿Cómo fue su conversión? En principio notó mi cambio tan positivo. Nunca le insistí en que fuera conmigo a la iglesia. Pero al verme tan realizada, tan emo-cionada y tan en control, un día me pidió visitarla conmigo. Desde entonces, mi madre ha sido una mujer de fe que también tiene y cultiva una relación con nuestro Creador. ¡Me emociona haber sido el vehículo para que ella lo conociera!

Confiada y segura, me propuse comunicarles a mis jefes en Telemundo mi decisión. Mari García Márquez llevaba la dirección del programa y a ella, en medio de una reunión de producción, le comenté lo que estaba ocurriendo en mi vida. «Quiero decirte y decirles a todos que he abierto las puertas de mi vida a Dios y estoy lista para recorrer un camino nuevo. ¿Hay algún problema con eso? ¿Puedo hablar de manera abierta frente a cámara y expre-sarme?». «¡Claro que sí!», me respondió afortunadamente. Al fina-lizar la reunión varias compañeras se me acercaron y me hablaron en tono bajo. «Yo también soy cristiana», me expresaron. En ese instante entendí, por el tono bajo y misterioso de su expresión, que mucha gente calla su amor por Dios, sus creencias. Al ver esto, me propuse no esconderme jamás. Había tardado mucho tiempo en llegar a los pies de Cristo y por eso, una vez tomada esa deci-sión, nada me detendría.

Ejercicio 6

Dios no elige a los preparados, prepara a los elegidos

No quiero terminar este capítulo sin antes decirte que el mejor camino que puedes elegir para transformar tu vida y vivir en plenitud es seguir a Jesús. No sabes cuántas veces me preguntan cosas como: «Rashel, ¿cómo haces para estar alegre siempre?». «¿Para ser tan positiva?». «¿Para triunfar?». «¿Para tener fuerza?». «¿Para tener un matrimonio estable?». «¿Para mantener una buena relación con tus hijos?». «¿Para tener tantos amigos?». Y siempre hay una sola respuesta: Dios. Lo más bello de todo es que hoy tú también puedes empezar a caminar hacia lo mismo. Por eso, te muestro unos pasos para dejar entrar a Dios a tu vida, y no hablo de religión, sino de relación, una relación personal con Él. Aquí te los presento:

1. **Arrepiéntete de todos tus pecados.** ¡Hazlo en voz alta! Es sencillo, ahí mismo donde estás ahora, en este momento en que me estás leyendo, repite: «Padre, hoy decido arrepentirme de todos mis pecados. Hoy dejo atrás todo lo que he sido y te permito transformarme en una criatura nueva». ¡Te aseguro que será maravilloso!

2. **Continúa conversando con Dios.** Dios es todo un caballero. Jamás entrará a tu vida si no le das permiso. Por tal motivo, continuarás tu expresión diciendo: «Hoy decido abrirte las puertas de mi casa, de mi vida, de mis finanzas y de mi familia para que obres con toda libertad. Te doy permiso de confrontarme y guiarme paso a paso hacia mi transformación. Confío fielmente en tu plan y en tu propósito».

3. **Comienza a dedicar unos minutos cada día a hablar con Él.** Cuéntale cómo te sientes, qué cosas te cuestan trabajo, qué actitudes te gustaría cambiar, qué te preocupa o te causa ansiedad, qué anhelo guardas en tu corazón... Pídele que te hable directamente y te muestre su voluntad.

No sé por qué razón existe la percepción equivocada de que Dios te hace una evaluación rigurosa para decidir amarte o no, elegirte o no, llegar a tu vida o no. Pero hoy quiero que internalices esto: *no es así.* Dios conoce nuestra condición imperfecta y así mismo nos ama. Él sabe que por nuestras fuerzas nada es posible, pero con Él todo lo es. Todo se transforma.

No me cabe la menor duda de que este libro está en tus manos por un propósito especial. Porque, así como en esa mesa de manicura Él me sorprendió, hoy con estas líneas Dios te está diciendo: «Llegó tu hora, ábreme tu corazón». Él guiará tu camino poco a poco y te irá preparando para la tarea específica que te ha asignado. Es normal si tienes un poco de temor y en tu mente aparecen preguntas como: *¿Qué dirán de mí? ¿Qué pensarán mi familia y amigos?* Por ahora solo confía, entrégate y verás tu transformación suceder. Nunca más estarás sola. ¡Créeme!

VERSÍCULO
PARA REFLEXIONAR

«Porque de tal manera amó Dios al
mundo, que dio a Su Hijo unigénito, para
que todo aquel que cree en Él, no se
pierda, sino que tenga vida eterna».

(Juan 3:1)

CAPÍTULO 7

El efecto de Dios en mi vida

AQUEL DÍA SENTÍ QUE UNA VIBRACIÓN ESPECIAL RECORRÍA mi cuerpo inundándolo de un nervio nuevo, algo así como un estremecimiento compuesto por una dosis perfecta de temor y otra de entusiasmo que viajaba desde mi cabeza hasta mis pies. ¡Temblaba de arriba a abajo! La sensación se hizo más latente justo antes de subir al escenario de la Iglesia Casa Alabanza, a pesar de que por mi trabajo ya estaba acostumbrada a pisar esas plataformas que te distinguen como figura principal de un evento y a enfrentarme a un público extenso, ávido de escuchar. No era miedo, eran ansias entremezcladas con un gran sentido de responsabilidad. Corría el año 2016 y mi esposo Carlos y yo trabajaríamos por primera vez para Dios en dos reuniones, cada una agrupando a quinientas personas. ¡Era nuestro debut!

Repito, asumí la encomienda con un poco de temor. No es lo mismo compartir informaciones, conducir un espacio televisivo o realizar entrevistas, que abrir las puertas de mi historia para relatar las experiencias personales que me hundieron y de las que Dios me rescató. El estudio televisivo era mi hábitat, el escenario de la iglesia, no.

La invitación de nuestro pastor Bobby Cruz Jr., quien entendía que ya era hora de que habláramos de nuestras vivencias, se presentaba como un desafío. Al momento de la verdad, Carlos, sin ninguna experiencia en los medios o frente al público, se proyectaba cómodo, tranquilo y confiado. ¡Lo hubieran visto, estaba como pez en el agua! Mientras que yo, la figura pública, estaba que me moría, nerviosa y temblando como una hoja. Días antes de la presentación nos preparamos, oramos, hablamos con la familia y especialmente con nuestros hijos, hicimos notas, decidimos cuándo hablaría cada uno, organizamos todo. Estábamos emocionados y queríamos que ese primer trabajo para nuestro Dios fuera con la excelencia que Él se merece.

Ese fue el inicio de lo que es hoy una vida dedicada al servicio, a reciprocar a Dios todas las bendiciones que nos ha dado y, sobre todo, a seguir sus instrucciones y el propósito que tiene para nosotros. Pero esta Rashel que ahora pisa tantos escenarios distintos y que les habla a cientos de personas sobre el poder de Dios, tuvo que caminar su sendero y vivir su proceso antes de dar su testimonio. Y un testimonio, amiga que me lees, es una herramienta poderosa que toca vidas, que puede cambiarlas, que puede transformarlas, que puede reconstruir y que puede impartir esperanza. Es increíble cómo las experiencias dolorosas que mi esposo y yo vivimos de manera individual pueden ser la palabra detonante para provocar optimismo en quien lo necesite. ¡Es que Dios es tan grande y sabio!

Ahora bien, todo sucedió en el momento perfecto, porque así es Dios, y sus momentos son los que tienen que ser. Pero antes tuve que permitirle que trabajara conmigo. Mi inicio en su sendero fue muy revelador. Estaba decidida a conocerle; sin embargo, me preguntaba cómo sería esa relación entre Él y yo. Creo que esa es una de las interrogantes que llegan a nuestra mente cuando decidimos entregarle nuestra vida, seguirle y confiar. La referencia que usualmente tenemos es la de nuestro padre terrenal, pero ciertamente es muy distinta porque Dios es el Padre de los padres. La relación con mi papá fue desafiante, pero logramos vencer las distancias y los detalles normales que salpican a padres e hijas, y disfrutar de una relación sólida, duradera y hermosa.

«Dios es tu padre. Dios te cuida», me decían. Y yo, en mis primeros pasos abrazada de Él, me cuestionaba cómo sería ese andar a su lado, ese obedecer, esa relación. Yo lo había aceptado, le había abierto las puertas de mi corazón, pero reconozco que en aquel inicio mi comportamiento era bastante cómodo. Recibía la palabra con agradecimiento, pero no leía la Biblia, no me educaba leyendo y profundizando en ese libro que es la luz para todos los cristianos.

Eso sí, hablaba con Dios todos los días. A las cuatro de la mañana, mientras manejaba mi carro en el trayecto de mi casa hacia el canal en el que trabajaba, que duraba unos veinticinco minutos, hablaba con Él. No creas que hacerlo requería algún conocimiento especial. Escuchaba canciones de alabanza y comenzaba un diálogo con Dios explicándole mis dudas. Le pedía que me guiara en la construcción de una relación directa con Él, porque yo no sabía cómo comenzarla y no tenía punto de referencia. Me sentía tan en confianza durante esas conversaciones que desplegaba lo que sentía sin reparos, hasta me atrevía a cuestionarlo y confrontarlo. ¡Imagínate! Una de esas madrugadas sentí que Dios me hablaba: «No te preocupes, yo te voy a enseñar lo que es el amor y tú le enseñarás a tu papá».

Fue así como aprendí, de la mano de Dios, que Él nos llama a que cambiemos nosotros y no a esperar nada del otro. La transformación comienza en nuestro *yo*. Desde mi relación con el Creador y gracias al amor que me mostraba, comencé a relacionarme de una nueva forma con mi papá, desde el dar y no desde el recibir. Esa transición fue lo que realmente cambió por completo nuestra relación. Sin Dios en mi corazón hubiera sido imposible ese giro en mi relación con mi padre.

¿Cómo se debe orar?

Orar es una acción poderosísima y a la vez muy sencilla que desencadena grandes bendiciones. La mejor guía para empezar, si es que nunca lo has hecho, es el Padrenuestro, así se lo muestra Jesús a sus discípulos en la Biblia. Es la oración en la que le reconocemos y le pedimos perdón y protección. Según fui creciendo en la palabra aprendí a sostener largas conversaciones con el Padre, y ahora que soy espiritualmente un poco más madura, la gratitud es el hilo conductor principal de esas conversaciones.

En mi interactuar con Dios lo inundo de peticiones y preguntas. Por ejemplo: «Ayúdame a caminar en tu voluntad». «¿Qué necesitas de mí hoy?». «¿Qué puedo hacer para avanzar en tu camino?». «Dame sensibilidad para percibir quién necesita de mi ayuda y poder ofrecérsela». Le hablo a Dios como mi Padre y le pido dirección.

En fin, ¡le cuento todo, aunque Él ya lo sabe! «Ensancha mi oído para distinguir tu voz... Engrandece mi mirada para verte». Es importante tener muy claro que *orar no requiere destrezas elevadas o complejas, es sencillamente hablar con Él, consciente de que te escucha y te comprende*. Te repito, Dios ya sabe todo lo que sientes, piensas y anhelas, pero al decírselo tú se crea una relación estrecha y de gran bendición.

¿Cómo saber que Dios te habla?

¿Cómo te habla Dios? ¿Lo escuchas de verdad? ¿Cómo le reconoces? ¿Cómo sabes que no es tu imaginación sino su voz? Estas son las preguntas que recibo con frecuencia y que entiendo perfectamente porque yo también las hice. Es inevitable sentir curiosidad cuando escuchamos que alguien goza del privilegio de oír la voz del Padre. ¡Y queremos saber todos los detalles!

Escuchar a Dios es maravilloso, pero crear conciencia de que es Él quien te habla lo es mucho más. Hoy quiero decirte que escucharle, sentir su presencia y saber que está contigo es una de las sensaciones más extraordinarias que podemos experimentar. ¡Pero para disfrutar de ese privilegio debes prepararte! Para mí es importante dejarte saber que la lectura de la Palabra de Dios nos ayuda —y te ayudará— a reconocer su voz cada vez más. En su grandeza y bondad, nos dejó como un regalo de inmenso valor ese libro que es único y que, además, es el más famoso del mundo: la Biblia. En ella encuentras su Palabra, que es nuestro manual de vida.

Quizás pienses que leer la Biblia es difícil y que requiere un esfuerzo monumental. Sin embargo, te digo con sinceridad que no, no lo es. Te digo más; la experiencia es increíble. Comienzas a leer, descubres lo que dicen cada una de las líneas, aprecias su contenido, lo aplicas a tu vida y empiezas a ver el resultado directo que esa lectura tiene en tu vida. ¡Entonces quieres leer más! Se despierta en ti un anhelo por más y más, te lo aseguro. No debemos decir que buscamos de Dios si en nuestra rutina diaria no hacemos tiempo y espacio —y te digo que la quietud de la mañana es maravillosa— para dedicarnos a descubrir todas las promesas que nos ha hecho en la Biblia. Ese conocimiento te dará la fuerza y la confianza para continuar caminando con la seguridad de que Él jamás nos abandona. ¡Jamás! En adelante, interpretarás su mensaje desde la perspectiva correcta, te lo garantizo.

Dios se manifiesta de múltiples maneras y cuando te habla lo hace a través de tus pensamientos. *Ese pensamiento que aparece en tu mente, que regresa y se vuelve recurrente, y que sobre todas las cosas te da paz, es la voz de Dios.* Así de sencillo.

Pero esa no es la única manera. Dios también te habla a través de otras personas. Las utiliza para enviarte mensajes. Seguramente te ha pasado que alguien te dice algo que te llega directo, que sabes que era para ti. En ese instante te sorprendes. *Guau, ese mensaje es para mí... esas palabras llegaron en el momento indicado*, seguramente has pensado. La persona no sabe por qué te lo dice. ¿Pues sabes qué? Es Dios hablándote a través de ella. La está utilizando como un vehículo directo para comunicarse contigo. Igualmente, puede ser al revés y Dios quiere utilizarte a ti para hablarle a alguien más. ¡Es que Dios se las sabe todas!

Tienes que perdonar

En mis conversaciones con Dios le pedía que enderezara los dilemas de una vida amorosa fracasada. Mi corazón anhelaba compañía y una familia estable y unida. Dios utilizó a mi esposo Carlos para hablarme. «No has olvidado, no has perdonado y eso está afectando nuestra relación. Me estás haciendo pagar por cosas que yo no hice», fue el mensaje que expresó Carlos. No le di credibilidad a lo que me dijo hasta el siguiente día. Orando mientras manejaba, Dios me confirmó que las palabras de Carlos encerraban una gran verdad, que debía perdonar y abandonar todo lo que me había lastimado para poder tener la relación matrimonial que Él había designado para Carlos y para mí. Al llegar a Telemundo, hacia donde me dirigía, me eché a llorar, llamé a Carlos, le conté de la confirmación de Dios y le aseguré que cumpliría con esa instrucción.

Era imprescindible limpiar mis heridas y aplacar mis corajes, lo que me permitiría estar lista para el amor. Si quería una vida nueva, tenía que presentarme como un canvas vacío, en blanco, listo para recibir las pinceladas. Pero esta vez sería diferente, porque Dios ocuparía el lugar principal dentro de mi relación. Seríamos un matrimonio de tres.

La realidad es que las diferencias con mi papá y mis dos fracasos matrimoniales me dejaron cerrada, bloqueada. Me convertí en una mujer dura, una general de brigada con un comportamiento recio. Creo que mi hijo Juan Daniel fue el que más sufrió esa etapa de mi vida, con una madre muy buena, pero que batallaba con la amargura. Era imprescindible sanar mi corazón. Mientras más buscaba de Dios, más aprendía sobre el amor verdadero, el incondicional, ese que llena todos los espacios de tu espíritu y tu corazón. Aprendí que, aunque no hacemos nada para merecer esa lluvia fresca de amor, Dios nos ama. Lo hace porque sí, porque somos sus hijos y no se requiere nada más. Mi proceso fue a diario y lento, pero hoy te digo que valió la pena, que no hay nada más importante en mi vida que mi relación con el Padre.

Ignoré las críticas que no se hicieron esperar ante la noticia de mi conversión y que me llevaron a preguntarme por qué la gente rechazaba a Dios. En mi caso no fue que lo rechacé, sino que como conté en el primer capítulo de este libro, no lo conocía. Conocerle me ha conducido a una metamorfosis extraordinaria. A veces siento que fui esa oruga que se convirtió en una mariposa con las alas preciosas y completamente desplegadas. Estoy bien, me siento contenta, tengo paz, y mi relación con mis hijos cambió para mejor. Mi matrimonio se fortaleció. Carlos dejó de pagar los platos rotos que le llegaban como consecuencia de mis anteriores fracasos y se convirtió en mi compañero en el amor de pareja y en el de Dios.

¿Cómo sané?

Considero que sané, primeramente, reconociendo mis acciones y perdonándome. Luego con el perdón hacia mi papá; hacia Juan Alberto, padre de Juan Daniel; y hacia José Miguel, padre de Daniela. Cuando arrancas la yerba mala queda un espacio fértil para la nueva semilla. Así es la sanación. ¡Yo estaba lista! Sané gracias a la acción de Dios, quien mira la condición de tu corazón y pone ante ti el remedio que lo alivia. Y perdonar, les aseguro, es una medicina para el alma.

Todo este proceso tan extraordinario ocurrió mientras seguía trabajando y dando mi mejor cara en la televisión y mientras lucía la peor cara en mi interior. Vivía mi proceso en privado. Afortunadamente fui constante en mi interés por recorrer un nuevo sendero, por desprenderme del coraje y del dolor que no me permitían avanzar y mostrar el brillo de Dios. No les temí a las críticas de la opinión pública por volcar mi atención hacia Dios. Entendía que las personas que criticaban con negatividad no tienen sanidad en su corazón y quizás viven una religión, pero no una relación con Dios. Entonces, lejos de molestarme, mi proceso de madurez evitó que sintiera coraje o repudio, y no permitió que esos comentarios lastimaran mi decisión de vivir bajo el manto de Dios. Fui firme en mi deseo de continuar aprendiendo y de abandonarme en sus brazos para que me convirtiera en una Rashel que le sirviera. Me juzgaron, comentaban, se reían, pero yo seguía ahí, convencida de que la decisión que había tomado era la mejor de mi vida. *En las batallas más terribles, Dios siempre está presente, y su propósito es claro y transparente.* ¡Una maravilla!

Nunca se termina de crecer

Mi espiritualidad ha madurado, pero lo cierto es que en el camino de Dios nunca se llega a una madurez completa porque se crece constantemente. Es espectacular, Dios trabaja en nosotros hasta el último día de nuestras vidas. Vamos escalando niveles. *Al principio, Dios te lleva de su mano con sutileza y, según sigues en su camino, va hablándote con mayor firmeza y te hace consciente de las consecuencias que implica el no obedecer su voluntad. Su dirección es clara y debes seguirla.*

Te presento un ejemplo; hace poco me ofrecieron regresar a la televisión. No puedo negar que era una propuesta atractiva, económicamente jugosa. Como hago con todo lo que me ocurre, lo puse en oración y luego de escuchar la voz de Dios decidí no aceptar. Y qué bueno, porque finalmente el contenido del programa, que obedece a los requerimientos de la televisión para lograr éxito, no concuerda con mi propósito de vida. Entonces entendí que Dios me sacó de la televisión porque tiene otros planes conmigo. ¡Sigo aprendiendo!

Otro ejemplo: como te conté, mi amor por Dios provocó críticas. Hay críticas constructivas, pero hay otras que son disparadas para lacerar y destruirte. Sin embargo, a tono con mi aprendizaje espiritual diario, entendí que quien emite críticas horribles tiene un corazón lastimado. No tomo su opinión a manera personal, sino que entiendo que ha sido formada y emitida desde el lugar en que esa persona se encuentra con ella misma y no conmigo. Esa manera de pensar y tomar acción viene directamente de la destreza de discernimiento que vas adquiriendo a medida que vas dejándote moldear por Dios. Te aseguro que en otro momento de mi vida la reacción hubiera sido totalmente diferente, pero cuando vas avanzando en tu proceso de madurez, las cosas van cambiando también.

| # Ejercicio 7

El perdón: el camino hacia la sanación

Quiero que estés clara en lo que voy a decirte y que tomes todo el tiempo que entiendas pertinente para analizarlo: *la venganza nunca es la mejor opción.* Vengarnos de quien nos lastima no provoca que esa persona pague por esa acción con la que nos lastimó e hirió. A veces creemos que si no perdonamos le estamos dando una reprimenda a esa persona, pero no es así. La realidad es que quien guarda rencor en su corazón resulta ser el más afectado.

La pastora y autora norteamericana Joyce Meyer, conocida por su manera maravillosa de ministrar palabra, lo describió perfectamente; más o menos ella dijo que el hecho de no perdonar es similar a tomarte un veneno y pensar que la otra persona es la que morirá. ¡Guau, qué explicación tan clara, gráfica y contundente!

Perdonar no es fácil, eso lo sabemos. Requiere decisión y voluntad firme. También conlleva esfuerzo, propósito y madurez. Pero cuando lo haces te liberas de un sentimiento negativo que, si en vez de soltarlo lo cargas, puede perjudicarte grandemente. Es como un yugo que te impide respirar, una carga pesada en el espíritu. No nos damos cuenta, pero el sentimiento que genera el rencor tiene consecuencias terribles y en extremo dañinas. Perdonar es una manifestación de madurez espiritual que demuestra la relación que tienes con Dios, la confianza en su Palabra y lo consciente que estás de que si Él nos perdona a diario, nosotros debemos imitarle y perdonar también.

1. **Decide perdonar.** Ese es el primer paso. Respira profundo, cierra los ojos, ora, encomiéndate a Dios para que te dé el entendimiento y la fortaleza que necesitas para perdonar. Pero antes, da un vistazo a tu vida porque seguramente has sido perdonada en más de una ocasión. ¿Verdad que sí? ¿Quién te ha perdonado? Escribe y analiza tres momentos en los que hayas sido bendecida con el perdón.

    • _____

    • _____

    • _____

2. **Piensa en cómo te sentiste cuando recibiste perdón por alguna falta o acción que realizaste.** A lo mejor heriste sin querer o quizás lo hiciste con toda intención. Cualquiera que sea tu experiencia, el sentimiento que nos arropa al ser perdonados es el mismo.

3. **Analiza con tiempo y cautela a las personas que te han lastimado.** Piensa en ellas y en cómo se sentirían si las

perdonas. Imagina su reacción. Pero, sobre todo, piensa en cómo te sentirás tú al soltar esa mochila tan pesada en la que arrastras rencor, cuánto podrás avanzar, cuán liviana podrás vivir en adelante. Ponte como meta ser ligera para perdonar y te aseguro que experimentarás una gran libertad.

Hoy te digo que para construir una relación con Dios debes estar decidida y dispuesta a esforzarte. Dios te llama a realizar acciones que Él sabe que puedes hacer, acciones para las cuales tienes el potencial y, aunque no lo sepas o creas, estás capacitada para llevarlas a cabo. Para hacerlas solamente tienes que prepararte, y confiar en su voluntad y en el camino que ha elegido para ti.

A tono con ello, la herramienta más enriquecedora, útil y efectiva es la oración, que constituye el hilo que te mantiene en conexión directa con Dios. ¡Es tan hermoso hablar con el Padre! El efecto que produce la oración comienza a verse cuando la repites, cuando acudes a su presencia todos los días, cuando le dedicas tiempo y cuando te abandonas en sus brazos con esa confianza sensacional que nace del amor. Entonces sientes una lluvia que te refresca, un aire que te envuelve y una sensación indescriptible que no vivirás con nadie ni con nada más, porque Dios es único y todo lo que viene de Él es totalmente diferente a lo que sentimos en el plano terrenal.

VERSÍCULO

PARA REFLEXIONAR

«Sobre todas las cosas cuida tu corazón, porque
este determina el rumbo de tu vida».

(Proverbios 4:23, NTV)

CAPÍTULO 8

Dios cumple
sus promesas

TODO COMENZÓ EN LA PELUQUERÍA, ATENDIÉNDOME CON Irma, quien como te comenté, fue un instrumento extraordinario para mi conversión. Es más, Irma ha sido de gran bendición para mí todo el tiempo. Y ya saben, en los salones de belleza se habla de todo, y el tema puntual siempre es el amor. Irma sabía acerca de mi deseo de encontrar un compañero con el cual establecer una relación estable y formal. La diferencia era que, en ese preciso momento de mi vida, yo estaba en el camino de Dios y había depositado en sus manos mi ilusión.

Sí, yo había colocado en las manos de Dios ese anhelo, y te cuento cómo fue exactamente para que tengas una idea de la bondad y la grandeza de Él. Un día, estando en la reunión del domingo en la iglesia, el pastor comenzó a hablar en su mensaje sobre las áreas infértiles, esas que en nuestra vida se han quedado vacías por una u otra razón. Sentí que el mensaje era para mí, que Dios me estaba hablando directamente.

Como parte de la reflexión, el pastor nos pidió que pensáramos en eso que tanto queríamos, que tanto deseábamos. Yo tenía todas las áreas de mi vida perfectas, el trabajo, la economía, los hijos, la familia... Después, convocó a todo aquel que tuviera un área infértil a pasar al frente para orar por nosotros. Atacada en llanto pasé, cerré mis ojos y oré con todas las fuerzas de mi alma. «Esa área infértil hoy queda cancelada», fueron las palabras del pastor, «y hoy Dios va a empezar a sembrar en tu vida para que crezca el fruto en esa área». Fue un momento extraordinario, bañado en las lágrimas hermosas y sublimes que provoca la presencia de Dios. Puse en sus manos mi anhelo de encontrar a ese hombre que fuera la pareja perfecta para mí, le prometí que juntos le serviríamos y que Él sería el centro de nuestra vida.

Ahora bien, y regresando al tema de la peluquería, dos meses después —¡sí, dos meses después de lo que acabo de contarte!— mientras me atendía con Irma, ella le pidió a Marta, mi hoy suegra y quien era también cliente del establecimiento, que me mostrara la foto de su hijo. ¡Oh *my gosh*! Yo me moría entre la risa y la vergüenza, pero Irma insistía. La pantalla del teléfono se iluminó con la imagen de este hombre guapísimo que me dejó sin aire. ¡Sin respiración! «Es bombero», me dijo Marta con orgullo.

¿Sería ese el hombre de mi vida? ¿Sería el hombre que me estaba enviando Dios? En ese momento no tenía la contestación a estas preguntas; sin embargo, con el tiempo resultó que sí, que Carlos era el hombre que Dios había puesto en mi camino para que viviera una relación de amor sólida en la que nuestro Dios ocupara el lugar más importante y el centro de nuestras vidas.

En el instante en que Marta me mostró la foto, me dijo que llamaría a su hijo. Me negué rotundamente, muerta y sonrojada, pero ella insistía. Ella que sí y yo que no. ¡Insistió tanto! Por último, agarró mi celular y le envió una petición de amistad por Facebook que Carlos contestó, no en ese momento, sino a los dos días. Así se inició mi relación con el bombero, conversando por esa red social. No fue hasta tres semanas después que me invitó a salir. Carlos no sabía quién era yo, no veía televisión, así que era una total desconocida para él. ¡Fantástico! Comenzamos a conocernos sin la neblina que ocasiona el estatus de figura pública. Lo descubrió después, cuando al visitar restaurantes notaba que la gente quería fotografiarse conmigo. La curiosidad le picó y, como dicen por ahí, me «gugleó». Quedó espantado, tan aterrado que pensó que precisamente por mi estatus de figura pública a mí me gustaba el estilo de vida caro y entonces se sintió menos. Dejó de llamarme e invitarme, hasta un buen día que regresó y me confesó que se había retirado porque ganaba poco dinero, que seguramente mis expectativas eran muy altas en comparación con lo que él devengaba. Por mi parte pensé: *¡Se espantó el bombero!*

¡Por poco salgo corriendo!

Pero Dios se las sabe todas. Yo era económicamente independiente; la economía no era determinante a la hora de conocer una pareja. Lo que buscaba era un hombre bueno con quien compartir una misma visión de la vida. ¿Y saben cuál fue la primera invitación que le cursé a Carlos? ¡Pues a visitar la iglesia! En eso estaba clarísima, estaba dispuesta a compartir mi vida con alguien siempre y cuando pudiéramos unirnos en el servicio a Dios. Esa era mi promesa a Dios y tenía que cumplirla. Carlos venía con unas experiencias de vida muy fuertes, turbulentas y atadas a la droga. Me confesó que en ese entonces usaba marihuana medicinal, y ¡por poco salgo corriendo!

Estaba dispuesta a romper la relación que apenas se iniciaba. Y él también, porque no iba a dejar su supuesta medicina por mí. No nos vimos durante dos meses, hasta un día en que apareció en la iglesia con su hija, me la presentó y me confesó que yo era la mujer de su vida y que dejaría ese hábito que se interponía entre nosotros.

Meses después, ya con la relación formalizada, le presenté a mis hijos. Era necesario forjar nuestra relación y establecer acuerdos como pareja. Una vez que estuvimos seguros de que queríamos emprender el camino juntos, Carlos y su hija Madelyn conocieron a Juan Daniel y a Daniela. Desde ese momento se llevaron maravillosamente, conectaron, se reían, conversaban y cuando decidimos casarnos, también elaboramos acuerdos para el beneficio de la familia. Por ejemplo: si era pertinente corregir a Juan Daniel o a Daniela lo haría yo. Carlos estaría presente para darle su lugar de hombre en la relación. Y si la corrección era para Madelyn, Carlos lo haría y yo participaría. De esta manera los tres hijos nos verían unidos, es decir, de acuerdo. Además, decidimos hacer todo lo posible para fomentar y mantener una buena relación con los padres de mis hijos y sus esposas, y con la madre de Madelyn y su esposo. Así lo hemos hecho hasta hoy y, ciertamente, esto nos ha permitido tener un hogar con un ambiente sano, en el que nuestros hijos nunca han tenido que decidir a quién amar más o qué lado de la opinión tomar. Lo que han visto es unidad y respeto.

Para la gloria de Dios, Carlos y yo nos casamos, unimos nuestras vidas basados en la confianza de que Dios guiaría nuestro matrimonio hacia el establecimiento de una familia y también hacia nuestro crecimiento espiritual. Pero sin que yo lo supiera, a escondidas, Carlos continuaba consumiendo marihuana. Me mintió durante todo un año hasta que no pudo más y me lo confesó. Fue un momento terrible, pero afortunadamente Dios lo guio y logró soltar ese amarre que provoca la droga. *La fuerza de Dios es gigantesca y su abrazo es sólido, no importa tu situación.*

Voy a decirte algo importante que se debe tener en cuenta: cuando Dios te da una promesa no significa que va a llegar perfecta. A veces llega para que la pulas y debes aceptar el proceso con la finalidad de que llegue a su manifestación. Todos tenemos cargas diferentes que arrastramos desde el pasado y es Dios quien nos moldea. Nosotros no tenemos el control de nada. Carlos es el hombre que Él separó para mí, pero tanto Carlos como yo no éramos perfectos y necesitábamos esa transformación que solamente Dios puede lograr.

El propósito de Dios es su promesa para ti, y debes creer que se cumplirá. Es como cuando siembras, colocas la semilla en la tierra, sabes que está ahí adentro, pero no la ves. No obstante, confías, crees ciegamente en que esa semilla está germinando, que el agua con la que la riegas desatará su crecimiento y que pronto verás el fruto, las ramitas que se asoman, las hojas que crecen, el tronco que se ensancha y se convierte en un árbol. Por eso, nunca dudes.

La promesa es la visión de Dios, lo que Él ve para ti, pero el proceso te toca trabajarlo con fe. La mayoría de la gente, incluyéndome, piensa que esa promesa —en mi caso, ese hombre que anhelaba como compañero de vida— llega completa, perfecta. Sin embargo, Dios me ha mostrado que siempre la promesa llega, pero que a mí me toca trabajar los aspectos que sean necesarios. En nuestro caso, vivimos la promesa: un matrimonio entre tres y una misión de servicio.

Carlos y yo nos bautizamos el mismo día. Estábamos firmes en el deseo de que Dios estuviera presente en nuestro matrimonio. No sabíamos cómo hacerlo, pero nuestro pastor nos dio dirección para aprender lo que es una pareja bajo la perspectiva de Dios. Un año nos tomó prepararnos y al fin nos bautizamos. ¡Fue tan emocionante! Es algo que siempre recordaré como un tiempo fundamental en mi vida. En el acto del bautismo, al sumergirte en el agua, dejas atrás tu vida antigua, tus pecados, y comienzas una nueva vida en la que te declaras seguidor de las enseñanzas de Jesús y permites que Dios comience a transformarte y a moldear tu vida. Un año después del bautismo, nos casamos y sellamos nuestro amor con Dios en el centro.

¿Un matrimonio entre tres?

Siempre que menciono la frase «matrimonio entre tres» la gente me pregunta cómo es eso, cómo se logra. La respuesta no es complicada, solo requiere que lo decidas y abras tu corazón. *El matrimonio entre tres es un proceso de aprendizaje en el que Dios ocupa el espacio más importante, el centro.* No es un asunto fácil, porque en una pareja cada cual conserva su esencia, su individualidad. Hemos sido creados distintos, pensamos diferente, tenemos distintos gustos y pensamientos... en fin, cada criatura es única. En nuestro caso, yo soy organizada, apasionada y enfocada; por su parte, Carlos es un espíritu libre, así le llamo yo, jajaja.

Sin embargo, Dios está en el centro de nuestra relación. ¡En el mismísimo medio! Y a ese centro, es decir, a su Palabra y su enseñanza, acudimos para lograr un *happy medium*, o sea un término medio feliz. Ah... pero ese *happy medium* no es lo que nosotros queremos, sino lo que Dios manda. Él es la autoridad y ante su sabiduría nos rendimos. Ambos cedemos, somos flexibles, cada cual aporta, y en ese proceso buscamos de Dios y recibimos su confirmación.

Nosotros, como pareja, decidimos colocar a Dios en la zona más importante de nuestra vida. Respetamos su plan para nosotros y reconocemos que su amor y su misericordia logran grandes impactos en el hogar y la familia. Cada día nos proponemos agradarle de manera individual y como pareja. Por eso le llamamos a nuestro matrimonio un amor entre tres.

Sin embargo, te aclaro que nuestro matrimonio no es perfecto. ¡Para nada! Hemos encarado momentos retantes y tensos. No estamos exentos de problemas o dificultades. Como cuando en mi mente asomaron los celos, lo que provocaba discusiones y que nuestra relación se afectara. Pero ya te conté, Dios, en control, me habló claramente a través de Carlos, quien pagaba el precio de mis errores del pasado. «Tienes que perdonar a tu papá y a tus exesposos y soltar esa carga. Solo así podremos funcionar porque yo estoy llevando sobre mi espalda los errores de otros», me dijo Carlos en lo que identifiqué, de inmediato, que era palabra proveniente de Dios.

Al entender lo que Él me decía, actué de inmediato. Me propuse perdonar a Juan Alberto, el papá de Juan Daniel, y se lo dejé saber enseguida. A José Miguel me le presenté en su estudio de música, nos sentamos, hablamos y también le pedí perdón. Tengo la inmensa fortuna de mantener una relación sincera y bonita con ellos, que son los padres de mis hijos, y de que ambos quisieran lo mejor para mí. Pedirles perdón fue liberador para mi alma y un paso importante en mi recuperación y en el rediseño de mi nueva vida.

He vivido matrimonios sin tener a Dios, pero ahora disfruto de un matrimonio donde Él está presente. Así que estoy clarísima en la bendición inmensa que es tenerle como centro. En mis matrimonios anteriores, Dios no estaba por ningún lado. Ahora es todo lo contrario, Dios nos acompaña, nos bendice y nos guía. Somos una pareja apasionada, alegre, comprometida, y su presencia nos abraza y nos ilumina. Ninguno de los dos espera recibir del otro, simplemente cada uno da. Vivimos un amor en paz, en armonía, y cada situación o problema que aparece lo trabajamos bajo la gracia del Padre.

No creas que por estar en el camino de Cristo somos una pareja aislada y aburrida. Es todo lo contrario. Somos un dúo que disfruta, ríe, baila, celebra, nos encantan los negocios, nos gusta compartir y nos fascina viajar. Lo que pasa es que en todo eso, nos acompaña Dios. Pero de aburridos, ¡nada!

Eso sí, la Rashel de antes peleaba, gritaba, intentaba convencer y se enojaba. La nueva Rashel respira, espera el momento adecuado y recurre a Dios para que se haga su voluntad, que siempre será correcta y conveniente para Carlos y para mí.

| # Ejercicio 8

Del miedo a la fe en tiempos difíciles

Es muy fácil tener fe en tiempos agradables y bonitos. ¡Claro, así cualquiera! Pero ¿qué pasa cuando estás en medio de un problema o un proceso difícil? ¿Cómo mantener la confianza en la promesa que Dios te ha hecho cuando lo que ven tus ojos es todo lo contrario? Pues te digo que en tiempos malos, difíciles, abruptos y terribles es que debe estar presente más que nunca la fe. A continuación te relaciono lo que puedes hacer en esos momentos en que sientes que todo en ti quiere rendirse. Sé que no resulta sencillo, pero es en esos momentos cuando debes ser fuerte y valiente.

Estas tres acciones que implementé en mi vida me ayudaron a fortalecerme cuando me sentía débil:

1. **Decidí aferrarme a la promesa que Dios nos hace en su Palabra, donde menciona que el espíritu de miedo no viene de Él.** «Porque no nos ha dado Dios espíritu de cobardía, sino de poder, de amor y de dominio propio» (2 Timoteo 1:7). Por tanto, rechaza todo lo que no viene de Dios. Cuando el miedo llegue a tu mente, ¡cancélalo! Declara: «Soy hija de Dios y Él está conmigo». El miedo nos paraliza, pero la valentía que nos llega de su parte nos respalda para avanzar y movernos. Ahí es donde tú quieres estar, así que toma la decisión hoy mismo. No le prestes nunca más tu oído al miedo y sí a la fe.

2. **Entendí que cuando el diablo te hace pensar que la bendición que estás esperando se encuentra muy lejos, entonces es cuando más cerca está de cumplirse.** Recuerda que el enemigo aparece para robar, matar y destruir. Él sabe lo que Dios está haciendo contigo y por ti, así que va a intentar que abortes el plan. En ese instante, en ese preciso instante, es cuando tienes que declarar con toda tu energía palabra de vida para ti: *confío en el plan de Dios para mí, no me rindo, creo en su promesa; la manifestación no ha llegado, pero la promesa ha sido entregada.* Lo que expresas y dejas salir de tu boca hace la gran diferencia. No le creas al enemigo. Créele a tu Creador. Nunca he comprendido por qué se nos hace más fácil creer las mentiras del diablo en lugar de las verdades de Dios.

3. **Comprendí que la mejor manera de ir del miedo a la fe es pasando tiempo ante la presencia de Dios.** Puedes escuchar alabanzas, orar, hablar con Él y pedirle que fortalezca tu espíritu. Piensa esto, en todas las materias que nos enseñan en la escuela, desde Geografía hasta Matemática, jamás nos instruyen sobre cómo ampliar y fortalecer nuestro espíritu. Pero podemos aprender dejándonos iluminar

de la fuente correcta, del que te creó, te diseñó y quien te ama más que nadie.

Recuerdo que cuando comencé mi relación con Carlos todos me decían que él no era el hombre para mí, que era más joven, que me iba a ser infiel, que lo que quería era mi dinero... En fin, me dijeron tantas cosas horribles. Confieso que esos comentarios me causaban dudas, pero yo había decidido creerle a Dios y Él me había hecho la siguiente promesa: «Ese es el hombre por el que tú oraste, sigue adelante que los usaré a los dos para mi gloria». Así que escuché a Dios y no al mundo. Hoy día llevamos diez años juntos, y le servimos a mi Padre con todo nuestro corazón, ayudando a otros a conocer la luz y la verdad que solo vienen de Él.

Dios no cambia su palabra. Él cumple, Él no te abandona, Él siempre está ahí para ti. Todo depende de Él, no del hombre.

VERSÍCULO
PARA REFLEXIONAR

«La fe es la certeza de lo que se espera,
la convicción de lo que no se ve».

(Hebreos 11:1)

CAPÍTULO 9

Salida de la televisión y ¡aumento de mis finanzas!

«NO VAMOS A RENOVAR TU CONTRATO. LA SITUACIÓN ECO-
nómica de la empresa nos lleva a prescindir de tus servicios. Mañana
ya no puedes regresar al canal». Fue así, sin adornos, como me
lo informó una de las ejecutivas del Departamento de Recursos
Humanos de Telemundo en una reunión realizada a través de la
plataforma Zoom. En la pantalla de la computadora aparecían
tres recuadros, ella, mi jefa, Desirée Colomina, y yo. El virus
del COVID 19 trastocó todos los ambientes y las dinámicas
de trabajo, y el programa *Un nuevo día*, así como la empresa
televisiva no fueron la excepción. Lo cierto es que me tocó
enterarme de mi despido de esa manera, que puede parecer
desapegada y fría.

La realidad es una y no se puede tapar con la mano, luego de
trece años trabajando para Telemundo, y con una carrera de veinticinco años, me sacaron. No renovaron mi contrato, que se firmaba
cada tres años. Esa mañana, justo al finalizar la transmisión en
vivo del programa, me avisaron que debía conectarme a una sesión
de Zoom tan pronto llegara a la casa. Eran los tiempos en que
se hacía el programa y salíamos rapidísimo del estudio siguiendo
las normativas médicas para evitar los contagios. Sospechando el
motivo de esa reunión, me despedí, aunque a prisa, de mis compañeras Adamari López y Chiquibaby, de los camarógrafos y del
personal técnico que quedaba todavía en el estudio al momento
de irme a casa. Lejos de angustiarme, llorar o entrar en el modo

histeria, al recibir la noticia sentí que me inundaba una lluvia de tranquilidad, de paz. No fue la empresa la que me arrancó de mi trabajo en la televisión. Fue Dios. Su propósito estaba implícito en este despido. Y yo lo sabía.

En el mes de febrero del 2020, Él me reveló que su voluntad era retirarme de la televisión para servirle en una bella labor, la de educar y desarrollar a mujeres que así lo necesitaran. En ese entonces mi esposo había superado su adicción a la marihuana, y yo había aumentado la confianza en mí misma. Ambos habíamos evolucionado y estábamos listos para servirle juntos a Dios, con nuestro corazón, mente y espíritu preparados, fortalecidos como pareja y llenos de la certeza que da la fe. «Ahora voy a hacer cosas con ustedes dos», fue el mensaje directo de Dios.

Justo habíamos terminado un curso para parejas que ofrecía nuestro pastor. Casualmente, ese es el mismo curso que ahora impartimos nosotros. Al pastor, José Mayorquín, Carlos lo conoció en un evento de la iglesia al que asistió en calidad de inspector del Departamento de Bomberos. Hicieron clic inmediatamente y poco después nos invitó a tomar el curso «Matrimonios que triunfan», un programa de doce semanas en el que se tocan temas como la comunicación, la sexualidad, los roles del hombre y de la mujer, el diseño de Dios para el matrimonio, el perdón, la honestidad, en fin, todo lo concerniente a la relación de pareja bajo el plan divino para que un matrimonio tenga éxito.

En verdad, ¡ese curso nos transformó la vida! La clase era todos los viernes, también por la plataforma Zoom. Recuerdo como si fuera hoy que uno de esos viernes, al terminar la clase, Carlos y yo conversamos sobre la terminación de su adicción. Estábamos impactados con todos los cambios que experimentábamos en ese tiempo, ni el mismo Carlos creía cómo había logrado romper con aquel hábito de tal forma que jamás volvió a sentir deseos de fumar. ¡Estábamos viviendo la inmensa y poderosa misericordia de Dios para con sus hijos!

En ese mismo instante escuché a Dios decirme: ahora te voy a sacar de la televisión, ambos ya están listos para el próximo nivel. Confieso que me encontraba en una etapa en la que había alcanzado el tope de lo que podía hacer en el programa y tenía sed de llevar a cabo algo de otro nivel. Me hubiera gustado escalar a otras encomiendas en términos profesionales, y aunque pedí esas oportunidades en la compañía, no se abrió ninguna puerta. Ahora entiendo que el próximo nivel que mencionaba Dios no era en la televisión. El mensaje recibido en mi mente me sorprendió, pero a la vez sentía una paz interna que no puedo explicar con palabras. *Los mensajes que te asombran y te hacen sentir que son sueños demasiado grandes para cumplirse vienen de Dios, porque Él es el único que puede lograrlos, y son el próximo paso en el plan que tiene para ti.* Mi relación con Dios ya tenía seis años, y yo iba madurando paso a paso en el camino de educarme y servirle.

Un cambio para mejor

Regresando a mi último día en Telemundo, totalmente tranquila con la notificación sobre mi salida, pregunté los pasos que debía seguir. En el ámbito laboral, cuando te despiden, te toca el saldo de lo acumulado y un paquete por años de servicio. «¿Qué procede?», pregunté a la persona de Recursos Humanos que me estaba comunicando mi despido. «¿A partir de cuándo?». «¿Voy mañana?». Era la primera vez que me ocurría esta situación y desconocía los pasos siguientes. «Te vamos a enviar el paquete que te corresponde. Desde mañana no puedes presentarte más», sentenció.

Resulta difícil creerlo, pero la verdad es que no me dolió el hecho de no poder regresar a lo que fue mi ambiente diario durante tantos años. Ya Dios me lo había comunicado y confiaba en que su plan sería mucho mejor. Di las gracias a la empresa con todo mi corazón. En la vida he aprendido que ser agradecida es importante, y acostumbro a dar las gracias por todas y cada una de las oportunidades que me han dado. Univisión fue mi escuela, pero Telemundo me catapultó. Con el corazón en la mano digo y repito que le estoy totalmente agradecida a ambas compañías por haberles dado espacio a mis sueños, por concederme la oportunidad de conectar con millones de personas, y de desarrollarme y destacarme a través del trabajo diario.

Me pidieron que grabara un video de despedida para comunicarles a los televidentes sobre mi partida. Lo hice con sinceridad, notificando que la empresa enfrentaba retos económicos debido a la pandemia que estábamos atravesando y que habían decidido descontinuar mis servicios. Di las gracias a todos y me despedí con amor. Puedo decir que casi fue un alivio, ya no estaba creciendo en ese trabajo, en el fondo me sentía estancada y tenía ganas de hacer otras cosas. Y cuando no te atreves a cerrar un ciclo, Dios lo hace por ti. Te abre puertas, te muestra caminos y, si es necesario, te empuja y te arranca de donde estés.

¡Tenía tantos sueños sin realizar! Ese era el tiempo para trabajarlos, para cumplirlos y, mejor aún, para compartir con mis hijos. Por primera vez en años podía desayunar en su compañía y acostarme tarde interactuando con ellos porque no tendría que levantarme al amanecer. ¡Mi vida cambió para mucho mejor! Juan Daniel y Daniela estaban felices de que su mamá tuviera mayor presencia en sus vidas. Lo compartí con mis seguidores de las redes el mismo día que, en la mañana, mostraron mi video de despedida en el programa. Esa tarde me conecté y hablé a corazón abierto, dejando todo muy claro para que no fueran necesarias las preguntas y especulaciones. Les hablé con el positivismo que sentía y les conté que en adelante diseñaría una nueva vida, comenzaría nuevas empresas y trabajaría por mis sueños. No le di cabida al chisme y, mucho menos, a los comentarios imprudentes.

Mi despido ocurrió en el mes de agosto, el día 5 para ser precisa. Ya en ese momento tenía mi tienda de accesorios, Labana Shop, que fue uno de mis primeros emprendimientos. La primera pieza que pusimos en venta fue el collar *Amor entre tres*. Recuerdo que llamé a mi socia, Caro Vázquez, y le dije: «Quiero, en una pieza, representar el testimonio mío y de mi esposo, de nuestro matrimonio». En las siguientes creaciones hemos continuado con nuestro interés de grabarles mensajes bonitos. Ya tenemos treinta y ocho piezas, entre collares, anillos, pulseras... Lo importante de esta historia sobre el éxito financiero se resume en una palabra: diversificación. Como decían nuestras abuelas: «No pongas los huevos en una sola canasta». Es mejor tener varios emprendimientos, trabajarlos para que cada uno produzca y contar con esa seguridad.

El emprendimiento multinivel

Sin planificarlo, me llegó la oportunidad de hacer negocio multinivel con la compañía Monat, una empresa global de productos *premium* para la piel que conocí a través de mi amiga Ximena Duque. El 11 de febrero, lo tengo clarísimo en la memoria, firmé con ellos. Sabía lo que era el negocio multinivel, pero hasta entonces lo había rechazado. Jamás pensé en integrarme a esa compañía y emprender en ese negocio, pero esta sería mi plataforma económica y de educación para ese momento en el que ya no recibiría el ingreso por mi trabajo como comunicadora. Admito que al firmar el último contrato con la cadena Telemundo, en el 2017, que como les conté se renovaba cada tres años, le comenté a mi esposo que algo me decía que mi presencia en la televisión estaba llegando a su fin.

«Vamos a prepararnos», le dije a Carlos. «Usemos los ahorros para invertir», me contestó él, quien siempre ha tenido una visión emprendedora. Y así lo hicimos. Por mi parte, estaba sumida en una mentalidad de empleada, pero gracias a Dios él no. La mayoría de la gente que trabaja en el medio televisivo no se prepara económicamente para el momento en el que ya no esté en esa labor. Igual pasa en otras profesiones, se comienza a trabajar y se piensa que ese puesto o cargo durará toda la vida, cuando lo cierto es que vivimos en un mundo laboral cambiante en el cual todo puede suceder. Las empresas se rigen por un modelo económico variable a nivel del mundo entero, y es inevitable que hagan cambios y que esos cambios puedan afectarnos directamente. Soy fiel creyente de que se debe dar el máximo en el trabajo, cumplir de manera responsable, aprender y disfrutarlo, pero al mismo tiempo no se puede confiar plenamente en que no llegará a su fin. No puedes dormirte en los laureles. Eso siempre lo tuve claro.

Estando de acuerdo como pareja, y por supuesto, contando con la sabiduría y la voluntad de Dios, Carlos se inició en el negocio de Airbnb, la plataforma de alquiler de propiedades creada por una compañía norteamericana en la que se cobra dinero por proveer hospedaje a quien lo requiera. Compramos varias propiedades con nuestros ahorros y comenzamos a rentarlas, lo que nos producía una entrada firme de ingresos. Todavía hoy nos mantenemos activos en ese negocio que, además, nos ha dado la oportunidad de entrenar a otras personas para que también lo hagan y puedan disfrutar de una entrada adicional de dinero.

Mentalidad de negocios y liderazgo

Por otra parte, yo continuaba en Monat, que representó una puerta para realizar un trabajo interno que nunca había hecho. Y cuando digo interno me refiero a mí misma. Nunca nadie me había hablado sobre mentalidad de negocios, sobre liderazgo, sobre productividad o sobre el manejo efectivo del tiempo. Todos mis temas profesionales se enmarcaban en lo que tenía que ver con la televisión, cómo comunicar mejor, cómo efectuar una buena entrevista y así por el estilo. Entonces, el *network marketing* o *marketing* multinivel me introdujo en un área nueva, en otro tipo de conocimiento. Ahora entiendo que en ese tiempo Dios me estaba preparando para cuando llegara el momento de servirle entrenando a mujeres a emprender y perseguir sus metas financieras.

Dos años y medio estuve en el negocio de productos para la piel, donde alcancé todas las metas y las más altas posiciones. Estaba tan y tan sólida que llegué a ganar lo mismo que ganaba en la televisión. ¡Hasta un carro me gané! Pero creo que algo muy importante en ese periodo es que entrenaba a las mujeres que componían mi equipo con fe. Aprovechaba para ponerles música de alabanza y para hablarles de Dios. Por otro lado, sentía la necesidad de estudiar la materia sobre ventas a conciencia para poder transmitirles ese conocimiento y prepararlas. ¡Fue fascinante! Entré a un espacio en mi vida que no había descubierto hasta entonces. Comencé a aumentar mi confianza y hasta yo misma me sorprendía. «*Oh my gosh*», pensaba, «*no todo lo que hay en la vida es la televisión, es entrevistar, es ser famosa*». Me apasioné con ese nuevo reto que aparecía frente a mí y que me colocaba como dueña de mi trabajo y de mi tiempo. Emprender es maravillosamente desafiante.

Al mismo tiempo continuaba educándome en la fe junto a mi esposo Carlos, seguíamos aprendiendo con nuestro pastor. Él y su esposa Michelle nos enseñaban lo que es un devocional y la importancia de que aprendiéramos a permitir que Dios nos hablara. Éramos cinco matrimonios que nos reuníamos en su casa; te aseguro, sin temor a equivocarme, que esa ha sido una de las etapas más gratificantes y emocionantes de nuestra vida en compañía de Dios.

Obedeciendo a Dios

Continué ejerciendo mi trabajo en ventas, pero a la vez inicié un ciclo de conferencias con el nombre «De mujer a mujer». Las realizaba cada cuatro meses, en grupos que tenían entre ciento cincuenta y doscientas mujeres. ¡La energía que permeaba el ambiente era espectacular! En esa etapa de aprendizaje comencé a leer muchísimo. Leía libros de autores como John Maxwell, Tony Robbins, Margarita Pasos, Napoleon Hill, Brian Tracy, en fin, me apasioné con la lectura que inspira el crecimiento personal. Fue así como descubrí la nueva tendencia de desarrollar productos digitales, la cual me encantó, y comencé a hacer retos y *webinars*, no sin antes estudiar a las personas del mercado norteamericano que ya lo hacían. Además, invertí en mentorías y estudios.

En la mayoría de los casos, las mujeres no trabajamos con nuestras creencias limitantes y vemos la educación continuada como un gasto, no como una inversión en nuestro crecimiento. Es irónico y a casi todas nos pasa, perseguimos la mejor educación para nuestros hijos, pero desatendemos nuestra necesidad educativa. Sin embargo, es vital hacerlo. Yo te diría que no hay excusa, puedes comenzar con los cursos gratuitos que ofrecen distintas personalidades y profesionales en las redes, especialmente en la plataforma gratuita de YouTube. O sea, que en el inicio de tu proceso de aprendizaje no tienes que disponer de grandes cantidades de dinero para pagarte estudios. Afortunadamente, el mundo moderno nos permite tener acceso a clases que no conllevan costo. Pero no debes quedarte ahí, porque llega un momento en que quieres seguir, aprender más, subir el nivel. Por eso te sugiero que inviertas en cursos, en talleres y en conferencias. Paga ese boleto que te acredita para formar parte de una experiencia de expansión del conocimiento que ya tienes dentro de ti, esperando el momento preciso en que lo nutras.

La experiencia de venta directa fue enriquecedora y me permitió aprender y demostrarme que fijarse metas financieras y alcanzarlas sí es posible. Pero igualmente llegó a su fin. Dios me dijo: «Es hora de que salgas de ahí. Quiero que trabajes con mujeres de todo el mundo». ¡Imagínate, de todo el mundo! Hasta el momento había logrado tocar y transformar vidas en el círculo que componía mi labor como consultora y líder de esa compañía, pero me esperaba mucho más. Con mis consultoras entré a una realidad en la cual descubrí que cientos de mujeres necesitaban palabra, reforzar su fe, reconstruir su autoestima, enfocarse en lograr un negocio y resolver su situación financiera. Dios no te da el mapa, Él quiere que camines teniendo fe en lo que no te muestra todavía. Pero tú confías en su dirección, te abandonas y te entregas.

Fue un proceso hermoso. Pero, ojo, también fue desesperante porque los seres humanos queremos tener el control de todas las cosas. Queremos que Dios nos dé un mapa con instrucciones precisas de qué hacer y cómo hacerlo. Yo tuve el privilegio de que mi propósito fuera trabajar con mujeres, y para lograrlo me despedí de Monat. Totalmente consciente de mi responsabilidad, primero conversé con mi amiga Ximena y su esposo Jay para dejarles saber mi decisión. Después se lo hice saber a todo mi equipo, quienes entendieron perfectamente, al igual que el dueño de la compañía. Para Carlos y para mí era importantísimo dejar todo muy claro y representar a Dios a través de nuestras acciones con la honestidad y claridad debidas. Ximena, como era mi *upline*, es decir, la persona que me introdujo en el negocio, se quedó a cargo de mi equipo, algo que para mí era primordial; yo no quería dejarlas abandonadas y sabía que quedaban en las mejores manos.

Hace un tiempo escuché a mi pastor expresar esta idea en un servicio y la misma me impactó profundamente: «Cuando uno dilata la respuesta a la instrucción de Dios, le da cabida a la desobediencia». ¡Guau, qué mensaje tan contundente! Si Dios te dice que hagas tal o cual proyecto y tú lo dilatas, en ese espacio de tiempo te atacan pensamientos negativos como: no puedo, no sé, no sirvo, esto no es para mí, o igualmente recibes esa negatividad de otras personas. Entonces, a través de la duda que se crea en tu interior, llega la desobediencia. No sigues el mandato de Dios porque en vez de actuar proactivamente y rápido, dejas que el tiempo pase, sucumbes ante lo negativo, y el resultado es que le desobedeces.

Cuando Dios me muestra algo, le meto mano de inmediato. Siguiendo el propósito de que trabajara con mujeres, invertí mi tiempo y energía en crear un programa para ellas. Estuve algún tiempo buscando un nombre para este programa, y nada, no se me ocurría ninguno que me pareciera perfecto. Hasta una madrugada, exactamente a las cuatro de la mañana —hora en la que me despertaba para trabajar en Telemundo— cuando me levanté de improviso, le di un codazo a Carlos para despertarlo y le dije: *¡De menos a más!,* ese es el nombre, porque así nos lleva Dios, de menos a más.

Dios nos lleva de menos a más

De esta forma comenzó mi labor en beneficio de la mujer y el programa transformador al que me he dedicado durante los últimos años con la certeza de que el crecimiento comienza en nuestro interior. El programa incluye clases en vivo semanales, una comunidad en WhatsApp, grabaciones de las clases, recursos digitales y más. Es importante que todas las mujeres entiendan que para generar dinero y para avanzar en todas las áreas que componen sus vidas, primeramente deben trabajar en su confianza. ¿Por qué? Pues porque si no confías en ti misma, entonces cualquier meta, sueño o proyecto te van a parecer demasiado grandes para ti y los vas a procrastinar o aplazar. Es más, siempre le vas a creer a quien diga que tú no puedes. ¡Y tú sí puedes! Por eso insisto en que el primer paso en mi trabajo conmigo, y en tu trabajo contigo misma, es reconstruir el interior. Más de mil quinientas mujeres han pasado por mi programa y ya hasta cuento con tres *coaches*, que son mujeres que anteriormente participaron en el programa y ahora imparten los cursos.

He comprendido que el propósito de Dios para mí es bendecir a todas las mujeres y ofrecerles una oportunidad porque *el éxito financiero también es posible para ellas*. Tú puedes tener tu programa digital, puedes tener tu propia empresa y puedes caminar correctamente hacia el logro de tus metas. ¡Es posible!

Ahora bien, no creas que he sido yo la maestra. Para empezar, mi conocimiento viene de Dios, y para continuar te cuento que aprendo cada día de esas mujeres que participan en los cursos. He visto la necesidad; he palpado la inseguridad, la desconfianza, la tristeza... Seres espectaculares que no creen en ellas mismas, que no se creen merecedoras de toda la abundancia. En este recorrido por sus vidas y experiencias la palabra que más verbalizan es *miedo*.

Convertirme en emprendedora y en empresaria junto a mi esposo, y haber logrado separarme de la mentalidad de carencia para transformarla en mentalidad de triunfo, me enseñó la necesidad de organizarme y de manejar eficientemente mi tiempo. Aprendí a planificar para poder producir dinero y no tenerle miedo a esa nueva etapa, a aplicar todo mi enfoque y valentía. Uno de los conocimientos más increíbles que adquirí es que puedes tener cincuenta cosas para hacer en la agenda y lograr menos resultados que si tienes tres. Tengo una alumna muy querida que al llegar a mi programa tenía dos trabajos para poder buscarse el sustento necesario y sobrevivir. Luego de prepararse, y de ensanchar su autoestima y valentía, los dejó y lanzó su tienda de diseño. Hoy en día es una diseñadora espectacular que reside en Houston.

Sobre todo, he aprendido que este camino no hubiera sido posible sin la compañía de Dios, que me ha preparado, hasta cuando no lo conocía, para superar los obstáculos, transformar mi existencia, atreverme a soñar en grande y vivir la vida que Él siempre tuvo dispuesta para mí. Hoy tengo la plena certeza de que es Dios el que me ha llevado ¡de menos a más!

Rompiendo mi mentalidad de escasez

Yo trabajo para mí. ¡Tú también puedes trabajar para ti! Aumenta tu mentalidad de éxito y verás cómo puedes lograrlo. En mis comienzos tenía esa mentalidad de escasez con la que crecemos todas, pero en el momento en que la cancelé y le di paso a la mentalidad de abundancia y éxito, entonces sentí que no había límites en mi camino. Si me quedaba en el escalón del miedo y mis finanzas dependían de una sola entrada, entonces estaba expuesta a que lo peor pasara. Hay una dificultad en la mujer que sigue instrucciones para entender lo que tiene que hacer en el diario vivir con el fin de poder ver cambios. Yo rompí mi mentalidad de escasez, repito. La borré, la eliminé. Hacerlo conllevó un esfuerzo mental para cambiar, como si fuera darle vuelta de un lado al otro a todas las creencias limitantes con las que me crie. No puedo, sí puedo. No lo merezco, sí lo merezco. No entiendo, sí puedo aprender.

Cualquiera hubiese pensado que al salir de la televisión mis finanzas se perjudicarían, pero ocurrió todo lo contrario. Mis finanzas aumentaron en el momento en que decidí trabajar con mi mente, con mi yo interno, y entrenarme para desbloquear la escasez que se asomaba para provocar miedo. Desde entonces dedico una hora diaria a estudiar y organizarme. Vigilo el contenido que consumo en las redes sociales, opto por alimentarme del conocimiento que brindan mentores importantes y exitosos que tienen *podcasts* y libros, y de ellos aprendo. Para alcanzar el éxito solamente tienes que tener las ganas, ponerte la meta y ejecutarla. Nada más. En mi calendario, esa hora de estudio no falta, porque algo tengo muy claro, se aprende hasta el último día de nuestras vidas.

La abundancia no está reñida con el cristianismo ni con la fe. Eso lo aprendí e internalicé desde un principio. Vivo y promuevo una relación personal con Dios. Tener esa relación me ayuda a esquivar el camino del materialismo. El dinero no es el rey de mi corazón. La relación con el dinero debe ser desde la fe, desde la espectacular oportunidad de poder ayudar. Debe ser una relación sana, buena y positiva. Nosotros no vivimos para hacer dinero, vivimos para Dios. Pero desde nuestra prosperidad podemos ayudar a más personas que lo necesitan, desde la familia y los amigos hasta las personas de la iglesia. Podemos aportar y tener más recursos para realizar la obra de Dios. Cuando nos llaman para servir, ahí estamos, porque no dependemos de nadie y nuestra salud financiera nos respalda para acudir al llamado.

A mucha gente le choca la prosperidad económica, especialmente en las personas que le servimos a Dios. Por alguna razón entienden que seguir el camino de Dios es sinónimo de un voto de pobreza. ¡Y es todo lo contrario! Dios pone oportunidades de crecimiento financiero en tu camino porque Él quiere que sus hijos vivamos en prosperidad y abundancia. El dinero *no* es malo. Vivir únicamente para producir dinero sí. Mi esposo y yo entendemos que al tener éxito en nuestros negocios estamos aumentando los recursos para ayudar a otros, además de tener más tiempo disponible para servir a Dios y al ministerio.

En ninguna parte de la Palabra dice que no seas próspero, que no tengas dinero, que no trabajes o que no tengas éxito. Lo que sí dice la Palabra es que el dinero no ocupe el centro de tu corazón. Eso sí lo dice. Por eso a diario le pido a Dios que cuide mi corazón. No puedes y no debes dedicarle todo el tiempo a producir dinero, a tus empresas y, sin embargo, no darle el espacio a Dios. Cuando te olvidas de Él caes en un comportamiento en el cual el dinero ocupa el centro de tu vida. Y si el dinero ocupa tu tiempo y tu mente, entonces abandonas tu tiempo con Dios, tu casa, tu familia, todo, porque te metes por completo en el trabajo para producir.

En nuestro caso, Carlos y yo tenemos la fortuna de poder realizar acciones sin costo alguno para los demás. Desde conferencias hasta cursos en línea. Lo que ganamos con nuestro esfuerzo lo compartimos y hacemos que esa bendición bendiga a otros. El dinero no es malo, repito. Lo que ocurre es que en nuestra cultura latina, en nuestros países y hogares, hemos crecido bajo la premisa de que tener dinero te convierte en un ser arrogante y sin buenos sentimientos. Sobre la base de esa creencia limitante, muchas veces sentimos temor de exigir, de darnos nuestro lugar.

Quizás recuerdas cuando tus padres y abuelos hablaban en diminutivo y mencionaban la casita, el dinerito o el carrito. Nosotros lo aprendimos y lo repetimos. Yo pude, y tú también puedes, romper con esa creencia que limitaba mi pensamiento sobre el tema económico. Reprogramarme fue esencial para mi crecimiento. ¿Trabajito? No, no quiero trabajito. Yo quiero trabajar para mí, ser dueña de mis emprendimientos y poder disponer de mi tiempo. ¿Dinerito? No, no hablo de dinerito, hablo de abundancia y de tener suficiente como para cubrir nuestras necesidades y bendecir a otros.

No me canso de repetir que romper y reprogramar esa parte limitante es superimportante. Lo aprendí en un curso y se lo enseñé a mis hijos. Me sentaba y les hablaba de la relación con el dinero, les enseñé a ahorrar, a invertir, a llevar una chequera, a diezmar y a hablar del tema con tranquilidad. En mi caso, eso no lo hicieron conmigo, al contrario, yo he tenido que enseñarle a mi mamá. ¿Por qué piensas que si eres millonaria eres una persona mala? Con sinceridad te digo que conozco seres que no tienen un centavo y que su comportamiento deja mucho que desear, no es el correcto. Pero igualmente conozco a otros que son multimillonarios y caminan por ahí, con vestimenta sencilla, sin aparentar y haciendo el bien. *El dinero no marca la condición de mi corazón. Querer aspirar a más no es malo. Mientras más tengo, más puedo ayudar. Aspirar a más es positivo. Eso sí, estoy totalmente consciente de que Dios quiere que administre bien, que lo reconozca a Él como el dador de todo y que tenga mis prioridades muy claras.*

En ocasiones me han dicho que tal o cual persona cambió porque ahora tiene dinero. Les contesto que no, que esa persona ya era así y que el tener dinero le hizo creerse con autoridad para manifestar mucho más su personalidad. Su mentalidad de escasez le dicta a esa persona que a ella la define el dinero. Pero si le quitas sus finanzas, su título y su posición se convierte en nada. Camina encogida, se esconde, se desaparece de las redes, porque entiende que al no tener buenas finanzas ya no es importante. ¿Pero y quién dijo eso?

En esta etapa tan fantástica de mi vida en la fe he podido diagramar un programa de *coaching* basado en el crecimiento personal. Entrenar, sanar emocionalmente y educar para que las mujeres se animen y se atrevan a lanzarse a sus negocios, a darle forma a sus ideas y a monetizar me llena de gran satisfacción. Lograr un cambio desde adentro para que puedan brillar hacia afuera es maravilloso.

Me siento bendecida de haber podido lograr una situación financiera sólida y saludable que, a su vez, resulta en bendición para los demás. ¡Gracias Dios por haberme llevado por este camino y poder ayudar a otras personas!

DE MÍ PARA TI | # Ejercicio 9

Pasos claros para tener
finanzas abundantes

Con toda la ilusión de mi corazón, te enumero estos cinco pasos clave que me ayudaron a fortalecer mis finanzas y a caminar hacia la libertad económica que todos soñamos. Tú puedes hacerlo igual que yo y que todos los que hemos tomado el control de nuestro dinero. Aquí te los relaciono:

1. **Revisa tus gastos, los gastos de tu hogar y establece metas.** Aunque no lo creas, me ha tocado hablar con alumnas a las cuales les he preguntado si tienen una lista de gastos y me han respondido que *no*. Ese es el primer error. Es importantísimo que sepas cuánto dinero entra y, sobre todo, cuánto sale. Lamentablemente, en la mayoría de los hogares, las

personas se dejan llevar por el consumismo y compran sin control, excediendo por mucho el número de la cantidad que gastan. Por eso este control debe ser llevado mensualmente, no de forma esporádica. En infinidad de ocasiones queremos cambiar una situación, pero no hacemos lo que se requiere. Hoy, comprométete a empezar. Es más, toma una hoja de papel ahora mismo y comienza. ¡No esperes ni un minuto!

2. **Reevalúa los llamados gastos hormiga.** Inicia con pequeños cambios. Comer menos en la calle, disminuir la frecuencia en la que gastas en el salón de belleza, entrenarte en casa en vez de pagar un gimnasio, etc. Aunque no lo parezca, estos pequeños giros pueden significar una gran diferencia en tu presupuesto mensual.

3. **Revisa tus deudas y toma decisiones.** Haz una lista de las deudas que provienen de créditos, préstamos y tarjetas de crédito. Busca tu tranquilidad financiera a través de refinanciamientos o de la búsqueda de mejores condiciones, quizás en el porcentaje que pagas en las tarjetas. Decide cuánto tiempo te tomarás para salir de ellas. Si no pones un tiempo límite, pasarás tu vida entera tratando de erradicar esas deudas que solo te causan estrés.

4. **Genera ingresos extra.** Yo era de las que pensaba que un negocio era suficiente. Sin embargo, hoy en día practico la diversificación de mis ingresos. Como se dice popularmente: «No pongas todos los huevos en una misma canasta». No obstante, a la mayoría de las personas les da terror hacer esto. Repito, eso ocurre porque no han trabajado su mentalidad de escasez y se han dejado dominar por sus creencias limitantes. Atrévete a pensar que eres capaz, sal de tu zona de comodidad, no te permitas quedarte con una sola entrada de dinero, ve por más.

5. **Edúcate, invierte en ti.** Que no sepas algo no significa que no puedes aprenderlo. Quizás viste en tu casa un ejemplo de mal manejo del dinero, pero eso ni te define ni significa que tú tengas que repetir lo mismo. Al contrario, es momento de expandir tu conocimiento para que puedas tener los frutos maravillosos que trae la transformación. Busca mentores, lee sobre el tema, aplica lo que aprendes y verás que en un año tu situación será completamente diferente.

Unas finanzas quebradas ocasionan estrés, división y conflicto. Escuché alguna vez, y me encantó esa idea, que si naces pobre no es tu culpa, pero si te quedas de esa manera entonces sí es tu responsabilidad. A lo mejor puede escucharse cruel, no obstante, es una realidad. Dios quiere bendecirnos a todos, y su bendición no es para unos sí y para otros no. Él nos ve a todos por igual. Pero sí es cierto que debemos hacer nuestra parte, que debemos actuar y no quedarnos esperando a que la salud financiera caiga del cielo. ¿Qué estás haciendo hoy para mejorar en esta área de tu vida? ¿A qué le tienes miedo? Sueña en grande y actúa en grande. El mundo es para los que nos atrevemos. Da hoy ese *sí* que Dios requiere de ti para entregarte tu herencia. Quiero que te quedes con lo siguiente: *la comodidad es el enemigo número uno de tu prosperidad.* Si no estás creciendo, estás muriendo. Así que ¡a crecer se ha dicho!

VERSÍCULO
PARA REFLEXIONAR

«El Señor tu Dios te bendecirá como te
ha prometido, y tú prestarás a muchas
naciones, pero tú no tomarás prestado».

(Deuteronomio 15:6a)

CAPÍTULO 10

Fe y obediencia... Lo que nos lleva al plan perfecto de Dios

EN TULSA, LAS CUATRO ESTACIONES DEL AÑO LUCEN TODO su esplendor tal como las vemos en los paisajes que son pintados en lienzos. Es una ciudad de poco menos de medio millón de habitantes, enclavada en el estado de Oklahoma, que entrelaza la calidez de su gente con un aire de metrópolis en la cual se destacan inmensos edificios. La primavera y el otoño son preciosos; el verano y el invierno igualmente hermosos y muy intensos. El ambiente es totalmente diferente a la algarabía que exhala Miami, donde residimos oficialmente. Tulsa nos regala un ambiente de paz y tranquilidad impresionante que nos abraza el alma. Vivir en esta ciudad se siente como si estuvieras arropadita y sentada frente a una chimenea, disfrutando de la tibieza con la que te cubre el calorcito rico que despiden las llamas del fuego mientras quema la leña lentamente.

¿Mudarme a Tulsa?

¿Tulsa?, te preguntarás. Pues sí, allá nos trasladamos mi esposo y yo en un acto de pura fe, confiando sin duda alguna en el plan de Dios y dejando familia, hogar, negocios, amistades, todo. La instrucción de Dios nos llegó de manera especial. Recuerdo que nos encontrábamos en nuestra casa de Los Cayos con un grupo de amigos. Ya en ese tiempo le habíamos expresado a nuestro pastor que ansiábamos prepararnos más con respecto a la Palabra de Dios. No crecimos en un hogar que nos impartiera ese conocimiento y entendíamos que nuestra tarea de servir a grupos, parejas y personas individuales requería más conocimiento de nuestra parte.

En algún momento contemplamos la posibilidad de educarnos *on line*, es decir, en línea, a tono con nuestros compromisos diarios, pero Dios tenía otro plan. Estando ahí, en Los Cayos, y junto a un grupo de amistades, recibimos la llamada de nuestro pastor recomendándonos que nos educáramos de modo presencial. Las distracciones usuales que tenemos en Miami no nos permitirían concentrarnos lo suficiente como para aprender, y lo cierto es que estudiar formalmente requiere un esfuerzo máximo de enfoque. José nos habló sobre la Universidad de Rhema, que estaba celebrando un evento presencial muy conocido, y nos invitó a asistir para comprobar qué sentíamos allí y qué nos decía Dios. Todo esto nos tomó por sorpresa. Hasta lloré junto a mis amigas, que estaban de visita y que enseguida preguntaron: «¿Mudarse? ¿Dejarlo todo?».

De inmediato, busqué información en formato de video del Rhema Bible Training College y al ver las imágenes supe que Dios nos estaba llamando al próximo nivel. ¡No tuve duda alguna! ¡Debíamos obedecer! Así que tramitamos los pasajes para visitar Tulsa por primera vez. Los estudios que allí se imparten complementan la labor de conferencistas y líderes de matrimonios que estamos realizando y, sobre todo, nos preparan para nuestro deseo de recorrer el mundo llevando su mensaje. Además, creer ciegamente en la visión de Dios nos permite demostrarle cuánto le amamos y cuán agradecidos estamos de su presencia en nuestras vidas.

A pesar de todas estas bendiciones, salir de nuestra zona cómoda y mudarnos, aunque fuera temporalmente, a un nuevo destino me producía una mezcla de curiosidad y miedo. Curiosidad porque no conocía el lugar adonde íbamos y cómo sería el proceso de adaptación. Y miedo porque era la primera vez que dejábamos todo y nos marchábamos. ¿Cómo será vivir en una nueva ciudad? ¿Cómo manejaremos los negocios desde allá? ¿Cuánto extrañaremos a la familia? Muchas preguntas revoloteaban por mi mente, pero la fuerza de la voluntad de Dios era más grande que cada una de mis interrogantes. No busqué información, descontinué la preocupación y me abandoné a la voluntad de Él sin chistar. El plan de Dios era tan perfecto que nuestra hija Madelyn se encontraba viviendo en Carolina del Norte con su esposo, Juan Daniel ya vivía de manera independiente y la pequeña, Daniela, ya estaba estudiando en la Universidad de la Florida, en Gainesville. Así que solamente teníamos que dejar nuestra casa de Miami a cargo de mami, agarrar a nuestro perrito Buster, al que habíamos recién adoptado, y emprender el nuevo camino.

Mientras nos organizábamos y preparábamos el viaje, imaginaba que nos instalaríamos en un pueblito pequeño, con un puñado de casitas pintadas de colores y ubicadas en unas cuantas calles... ¡Nada más lejos de la realidad! Tulsa es una ciudad grande en la que se han establecido muchas iglesias y donde se siente de manera marcada y extraordinaria la fuerza de Dios. Él te coloca donde tienes que estar; hemos sido privilegiados de que su voluntad nos moviera a este lugar tan único para ingresar al Rhema Bible Training College, un centro de estudios magnífico establecido desde hace cincuenta años, donde estamos tomando un curso pastoral de dos años de duración. Rhema significa *the spoken word of God*, o sea, la palabra hablada de Dios.

Obedecer el designio de Dios implicó dejar nuestra residencia, grande y cómoda, y despegarnos de nuestros objetos personales para acomodarnos apretadamente en un apartamento pequeño que rentamos y en el que en principio ni siquiera teníamos muebles. Estábamos cortos de espacio, hasta compartiendo la misma habitación como oficina. La familia pensó que esta mudanza, aunque por cierto tiempo, era una locura. Acabábamos de comprar la propiedad de nuestros sueños en Los Cayos para disfrutar del mar y descansar. Sin embargo, la dejaríamos atrás para emprender una aventura que nos enseñaría algo fundamental, ya que en Tulsa nos hemos dado cuenta de que en lo poco somos totalmente felices porque la verdadera felicidad viene de Dios y no de lo que tengamos. Soltar los objetos y posesiones materiales, que son pura apariencia, es una experiencia tremendamente liberadora. ¡He sido tan feliz en Tulsa! No se necesita nada siempre y cuando Dios esté contigo, te lo aseguro. Él proveerá todo lo que requieras y eso será más que suficiente.

En Tulsa me levanto a las cinco y cuarenta y cinco de la mañana, hago mis oraciones, mi devocional, mi cuaderno de agradecimientos y ya a las ocho vamos rumbo a la escuela, a educarnos sobre la Palabra de Dios. De ocho a doce ni siquiera atendemos el teléfono; lo colocamos en modo «no molestar» (*do not disturb*) para concentrarnos debidamente. Se nos nota la felicidad, y esa satisfacción que produce el cumplir una misión que sabes que es especial y gratificante. El entusiasmo es tanto que parecemos dos niños pequeños. Estudiar es una oportunidad enriquecedora que, además de capacitarnos, nos une más como una pareja que le sirve a Dios.

Nunca había estudiado tanto sobre la Biblia y nunca había leído tantos libros a la vez. En nuestro primer día de clases nos entregaron una bolsa a cada uno con más de veintidós libros. ¡Me quedé fría! «¿Hay que leer todo esto?». La respuesta fue sí. Entonces, desde el día uno, tuve que agregar en mi calendario de actividades diarias un tiempo extra para el estudio y la lectura, ¡y en inglés! Es cierto que esta nueva experiencia ha requerido un esfuerzo de parte nuestra, pero la satisfacción que nos ha generado obedecer a Dios es increíble. Su propósito para nosotros nos ha permitido saber a dónde nos dirigimos, seguir aprendiendo de su Palabra y estar mejor preparados para poder llevarla a otros que la necesitan.

Encontrarás tu propósito

Hemos descubierto que la mudanza a Tulsa es parte de un plan que supera todas nuestras expectativas. Es como una pieza dentro del rompecabezas de nuestra misión. Hace años asistí a un evento en el que participaba la pastora Joyce Meyer, quien ministraba ante miles de personas. Estando ahí, inmersa en su mensaje, visualicé una imagen en la que era yo quien le hablaba a esa multitud. Me callé, nunca dije nada, pensé que era una ocurrencia mía y durante dos años no se lo conté a nadie, la mantuve en secreto. Tiempo después, escuchando una prédica, Dios me habló nuevamente. «Te presenté esta promesa y tú la has negado, no has hablado». ¿Yo ante tanta gente?, le cuestioné con toda mi sinceridad. La respuesta fue precisa: no niegues la promesa que te ofrece Dios; hasta que tú no la declares y la sueltes al mundo, no se va a concretar.

Sin embargo, a veces piensas que esas imágenes o pensamientos que te llegan no son para ti, que tu mente está inventando cosas muy grandes que no te corresponden. ¡Pues no! *Los sueños de Dios nunca, ¡jamás!, son pequeños. Siempre son ilimitados. Es más, si te da miedo y nervio es para que entiendas que no depende de ti sino de Él.* Pero aunque la mesa esté servida por el poderoso Padre que tenemos, a ti y a mí nos toca hacer nuestra parte, prepararnos, invertir tiempo, energía, y confiar en que cuando se abren todas las puertas —aun las que jamás habías imaginado— es porque ese es el plan para ti.

Dios quiere que goces de salud, de armonía familiar, de prosperidad económica, de una mesa llena de alimentos, de una vida plena y abundante. Ha creado un mundo fantástico en el que existe todo lo que necesitas para vivir cada día en bienestar. A cambio solo te pide que le abras tu corazón, que confíes y te dejes llevar. *Escribir este libro cumple un propósito de Dios y que hoy tú lo tengas entre tus manos, también lo cumple.*

La definición de *propósito* es muy sencilla. Según el diccionario de la Real Academia Española —autoridad en lingüística— este término significa la intención de hacer algo; un objetivo que se pretende seguir. En nuestra guía, que es la Biblia, aprendemos que la Palabra de Dios lleva nuestros pasos y obedecerle a Él nos conducirá hacia el camino correcto. No importa que no lo entiendas en el momento, el propósito se irá revelando ante ti. «Ah, ahora entiendo», dirás cuando te des cuenta de que los sucesos, que las experiencias que viviste, se enlazaron como parte de un plan creado exclusivamente para ti.

¿Cómo comenzó mi propósito? Pues te cuento. Todo inició en el momento preciso en que el pastor Bobby Cruz Jr. nos pidió a Carlos y a mí que abriéramos nuestra intimidad para contar nuestras historias individuales y la obra de Dios en nosotros como pareja. Es decir, que contáramos nuestros fracasos, desventuras, debilidades, la aceptación de Él en nuestras vidas y nuestro andar sujetados de su mano. Fue entonces cuando comprendí el poder tan increíble e impactante que tiene un testimonio y cómo puede tocar vidas. Hasta ese momento me había preguntado por qué había tenido tantas vivencias amargas, por qué viví los fracasos o por qué padecí de depresión. Ahora entiendo que la pregunta que debí hacerme no era por qué, sino para qué. Paso a paso aprendí que, contrario a lo que pensamos, las experiencias de dolor te capacitan y te aportan sabiduría sobre un tema determinado. Sí, duelen, pero dentro de ese dolor hay restauración, lección y luz.

Todo lo que viví, ¡todo!, me preparó para poder desenvolverme y expresarme en temas sobre la depresión, la baja autoestima y el conformismo. En principio me daba pena contar lo que había vivido. Con sinceridad te digo que no fue cómodo visitar nuevamente el pasado y rememorar escenas que quedaron atrás para mostrarlas públicamente. Los seres humanos escondemos las experiencias duras porque nos regresan hacia un dolor y una vergüenza que no queremos revivir. Pero si no hubiéramos atravesado ese sendero de espinas, si no hubiéramos experimentado el sufrimiento, no tendríamos empatía con la situación de los demás y mucho menos podríamos ayudarlos. Por supuesto que no es lo mismo ofrecer un mensaje sin haber vivido lo que dice en su contenido. Si no me hubieran traicionado, hoy no podría identificar a todas esas mujeres que se acercan a mí y que vivieron o están viviendo la misma situación; mujeres que hoy urgen de una mano amiga, de alguien que las comprenda, las oriente y las asista para pasar a la acción. Si no hubiera padecido de depresión no podría ser lo suficientemente empática con quienes la sufren y sienten la necesidad de un abrazo y de recibir dirección.

Desde el momento en que mi esposo y yo cumplimos la instrucción de testimoniar, he visto cómo la mano de Dios me ha guiado a través de nuevas puertas que se han abierto en el camino para brindarme experiencias y oportunidades. Ahí estaba mi propósito, ¿entiendes? Una de esas experiencias precisamente es este libro, y te confieso que nunca estuvo entre mis planes. Un día me escribió Margarita Pasos, una gran amiga, pero también conferencista, motivadora y autora colombiana muy reconocida, para decirme que la editorial HarperCollins me estaba buscando para hablarme sobre la posibilidad de publicar un libro. *¿Un libro yo?*, pensé. Pero recordé la visión de Dios y acepté escucharlos y enterarme de su proposición. «Nunca he escrito un libro, pero sé que Dios lo hará por mí», les respondí. ¡Y aquí está! ¿Y cuál es el contenido? ¡Pues todo lo que viví! ¡Dios hace posible todo lo que crees imposible!

Hoy día me invitan a conferencias, a congresos, a actividades que reúnen a mujeres empresarias que quieren seguir hacia adelante, evolucionar y aprender a comunicar. ¿Alguna vez lo imaginé? ¡No! Pero he aprendido que cuando dispones tu corazón para ampliar tu visión y la de Dios, ¡lo que te parezca completamente irreal, puede ser realidad!

Volviendo a nuestro testimonio, y en especial a lo que incluía sobre mi historia, te aclaro una interrogante que me manifiestan con frecuencia. Dios no te hace vivir tal o cual experiencia desagradable o lacerante. Esas vivencias llegan a tu vida y Él, con su amor, sabiduría y poder, las transforma para que sean aleccionadoras. Ante los sucesos que nos sacuden la vida, tú y yo tenemos dos opciones: nos estancamos en el papel de víctimas o buscamos la enseñanza que nos trae esa vivencia, la asumimos y nos crecemos en ella. Mis experiencias me prepararon con las herramientas requeridas para cumplir el propósito que Dios tenía para mí. Créeme que ese enlace con el dolor, lejos de hundirme, ha redundado en beneficios para las mujeres a quienes me dirijo. Me ha servido para empoderarlas, inspirarlas y animarlas a creer en ellas. Me ha permitido colaborar para que se atrevan a dar los pasos para su recuperación y crecimiento en todas las áreas de su vida, y que vuelvan a sonreír.

Fíjate cómo el propósito de Dios nunca es egoísta, o sea, Él se centra solamente en ti y en mí. El plan es siempre de servicio. ¡Y resulta fantástico! Mi cosecha es de alegría, al ver a las mujeres a las que ayudo recuperarse, encontrar su propósito y abrazarlo, y en ese proceso perseguir sus metas personales y de negocios, además de establecerse con solidez como esposas, madres, amigas y profesionales. Esa felicidad que me producen sus triunfos no tiene comparación alguna. Al final, quienes fueron débiles se convierten en personas fuertes, productivas y felices.

Dios nos equipa a todos con dones y talentos, y estas son las herramientas que cada una tiene para utilizar en su camino. Ahora bien, como eso que hacen otras personas nos parece interesante y nos atrae, en ocasiones queremos hacer lo mismo. Pero debemos concientizar que ese es su propósito, y que tal vez no sea el nuestro, por eso hay que tener muy claro cuáles son nuestros dones y talentos. En mi caso, me ha sucedido muchas veces que he visto a personas ya realizadas, mientras que yo solo estaba empezando. Afortunadamente, la experiencia me ha permitido caer en cuenta de que ese no era mi camino ni mi tiempo. Por eso siempre enfatizo que no hay que apresurarse, hay que caminar en obediencia.

Dios esperó por mí y también espera por ti. Pase lo que pase, Él estará ahí, esperando que decidas seguirle, con su plan listo para ser implementado, y nada lo desviará. Fíjate que, tal como te he contado, en la primera mitad de mi vida no creía en Dios. Suena fuerte, pero es así. No le conocía. Sin embargo, eso no fue obstáculo para que le encontrara. Nada impidió que su plan para mí se convirtiera en una realidad. Eso sí, todo lo nuevo que se nos presenta delante requiere esfuerzo. A pesar de mi rol de comunicadora tuve que sacar fuerzas para subir el telón y dejar que la gente conociera los detalles de mi vida personal. Pero atreverse es, indiscutiblemente, de valientes. Paso a paso fui superando mi desconocimiento y mis temores, así como mostrando esa obediencia que te lleva a un escalón más hacia el próximo nivel de tu relación con Dios. ¡No claudiques!

Cuando hablamos sobre propósito, sé que el tema provoca muchas interrogantes. ¿Cómo sabes que una idea o un pensamiento viene de Dios?, es la pregunta que me hacen con mayor frecuencia. Pues te voy a decir lo que yo hago: todo lo pongo en oración. No hay nada que haga sin orar antes, sin pedirle a Él que me confirme. «Ábreme las puertas para saber que esto viene de ti», le he dicho muchas veces. Es así como he llegado hasta donde estoy. Y sí, a Dios también puedes solicitarle guía para la prosperidad financiera. Creer no es sinónimo de pobreza. Dios quiere que estés bien y que disfrutes de la abundancia que ha creado para ti, para mí, para todas. Nuestro deber es obedecerle, abrazarnos con fuerza y entusiasmo a su voluntad, y prepararnos.

En mi labor a favor de la mujer me topo con muchas que están lastimadas, con otras que han decidido conformarse y con miles que tienen su dignidad por el piso. Conocer sus realidades abrió mis ojos hacia un mundo que no conocía, porque mi vida se limitaba al trabajo y a la familia. No estaba consciente de la gran cantidad de mujeres que viven en desasosiego. Lejos de alejarme, me aferré a la voluntad de Dios y me preparé para acercarme a ellas y ofrecerles un programa de crecimiento personal que, para la gloria de Dios, les ha impactado de una manera fenomenal.

¡Aférrate a su Palabra!

El plan de Dios es algo así como una línea ascendente en la que vas paso a paso progresando. Lo que he hecho se resume en tres palabras: obedecer a Dios. Hubo un momento en que comencé a revolotear en mis ideas, pero Él me llevó de regreso a lo que es lo mío, o sea, la experiencia en autoestima, seguridad y crecimiento personal.

No fue difícil entender lo que Dios tenía para mí. Cuando le das prioridad a afinar tu oído, puedes escucharlo. Si no lo haces, es posible que te pierdas lo que Él tiene reservado y guardado para ti. A diario tengo mi tiempo con Dios, un tiempo en el que le busco y le hablo. Como te mencioné anteriormente, para cultivar una relación con nuestro Padre se requiere que inviertas tiempo educándote en su Palabra, alimentando tu espíritu para que puedas descifrar su mensaje para ti. ¡Es tan valioso hacerlo! Con todo mi corazón te invito nuevamente a dedicar tiempo al estudio de las Escrituras, que te formarán para que no te pierdas la grandiosa oportunidad de escuchar la dirección que Dios tiene especial-mente diseñada para ti.

Nosotras las mujeres somos expertas aplazando tareas importantes para atender las obligaciones de nuestro diario vivir, de la casa, los hijos, el trabajo, etc. Pero te digo algo, si no tienes ese tiempo con Dios, si permites que tu día se congestione con todo lo demás, si no apartas esos minutos para estar con Él, entonces no podrás dis-frutar del inmenso privilegio que representa recibir su designio para ti. Hablar con Dios es orar. Meditar es oír lo que me dice. Cuando lo escucho, me emociono mucho... y recibo la claridad que me hace falta, la dirección que debo seguir. Recuerda que lo que necesitas es dedicación, permanencia, perseverancia y constancia; mantente firme y verás los resultados.

Ahora bien, y por qué no decirlo, en la vida nada es fácil, todo toma su tiempo. Pero si yo he podido, tú también puedes hacerlo. Y déjame contarte algo estupendo: ese propósito del cual te hablo nunca se detiene. Hasta el último día de tu vida ese propósito sigue cre-ciendo, ensanchándose, tomando nuevos rumbos, porque Dios pone nuevas promesas, visiones y sueños frente a ti. Mi promesa comenzó con mi petición de tener un buen hombre a mi lado y un matrimo-nio estable, luego con que me acompañara para servirle a Dios en la iglesia, continuó con mi educación para disfrutar de finanzas abundantes, siguió con que mi esposo pudiera retirarse, con que yo pudiera salir de la televisión y ahora con mi mudanza a Tulsa para estudiar. ¿Ves cuánto va creciendo la promesa de Dios?

Dios tiene un rumbo marcado especialmente para ti, un sendero de bendiciones que ni te imaginas. ¡Es tan lindo! Concédete el privilegio de escucharle, de obedecerle, y abre los brazos en grande para recibir tu propósito.

DE MÍ PARA TI | # Ejercicio 10

Cómo fortalecer tu relación con Dios

Cuando acepté a Cristo mi vida cambió... ¡y por completo! Antes rechazaba toda creencia religiosa y cuando me invitaban a la iglesia pensaba que pertenecería a una religión estricta y rígida que me exigiría dejar de ser lo que yo era. Te digo más, no me sentía digna de que Dios se fijara en mí. Tenía dos divorcios a cuestas y creía que valía poco. ¡Qué equivocada estaba! Por eso te enumero lo que he podido aprender al respecto:

1. **Dios no busca personas perfectas, sino con un corazón dispuesto.** Él no condena, puedes acercarte desde el lugar emocional en donde te encuentras ahora mismo y aceptar una relación personal, no una secta o una religión.

2. **No tienes que hacer nada para ganar el amor de Dios.** Dios es amor; Él ya te ama con un amor incondicional. Pero debes saber también que caminar de su mano es un proceso y como en toda relación, hay que alimentarla para que siga creciendo y fortaleciéndose. Por ejemplo, ¿te gustaría que tu socio de negocios no trabajara? ¿Te gustaría si tuvieras que hacer tú todo el esfuerzo y que después él cobrara la misma cantidad de dinero que tú? Por supuesto que no. En esta sociedad y pacto con Dios sucede exactamente lo mismo; tú debes hacer tu parte y esforzarte para que esa relación se afiance cada día más.

3. **Lee su Palabra todos los días.** Quizás pienses que leer la Biblia resulta aburrido o puede que no la entiendas. ¡No te preocupes! Me pasó lo mismo. Pero cuando la lees cada día se ensancha tu entendimiento. La clave está en no detenerte. Cuando leas su Palabra no trates de entenderla, sino de observar cómo se comporta Dios. Por otro lado, un devocional también puede ayudarte porque es más fácil y ameno.

4. **Toma un tiempo para hablar con Él todos los días.** No tienes que orar durante horas. Dios no ve la cantidad, sino la calidad. Una vez que comiences, de seguro querrás más tiempo con Él porque verás el efecto positivo en tu vida.

5. **Sirve a otros.** Puede ser en tu iglesia o en tu comunidad; puede ser iniciando un grupo en tu casa para unirse a orar o aprender de las Escrituras. Dios nos llama a cuidar de otros, a quitar los ojos de nuestras necesidades porque Él las suple todas, y a enfocarnos en las almas perdidas, en los que no le conocen y no saben de su amor.

Tal vez pienses que estos pasos son muy sencillos o demasiado fáciles, pero te aseguro que cada uno tiene una inmensa profundidad en tu crecimiento. Si los llevas a cabo vivirás el mejor plan para tu vida, que es el que proviene de Dios. Cuando conozcas mejor a nuestro Creador, cada día serás más sensible a su voz y dirección, y estarás abriendo el telón de tu vida para que ocurra la transformación. Si eres una madre soltera, te aseguro que tú puedes. La seguridad en ti misma te ayudará a ser proactiva y a caminar hacia el logro de tus metas. Pero *no te victimices.* Dios te ha creado perfecta y te ha dado las herramientas que necesitas para salir adelante. Tómalas y anda.

VERSÍCULO
PARA REFLEXIONAR

«Porque todo el que pide, recibe; y el que
busca, halla; y al que llama, se le abrirá».

(Mateo 7:8)

CAPÍTULO 11

Mientras escribo este libro...

AQUEL DÍA SENTÍ QUE EL ALMA ME ABANDONABA, QUE SE ME cortaba la respiración y que mi corazón se apretaba. Haciendo un esfuerzo gigantesco para controlar los nervios, tuve que abandonar de inmediato el salón de clases donde me encontraba estudiando en ese preciso momento. A través de la pantalla del teléfono, utilizando la plataforma de FaceTime, vi a mi padre tumbado en una cama, sin reacción alguna, recibiendo los primeros auxilios del servicio de los paramédicos del 911. La escena me destrozó. Nada peor que sufrir a millas de distancia, él en Miami y yo en Tulsa. La vida de mi papi, el hombre que me arrulló y me llenó de amor, colgaba de un hilo y yo no estaba a su lado. Pero sí estaba Dios.

Hacía días que no sabía de mi papá. Las cámaras ubicadas en el exterior de la casa mostraban cuando su amigo de toda la vida, Tony Milián, había ido a visitarlo. Vi a mi padre cuando salió a despedir a su amigo y después cuando fue afuera, al recipiente para botar la basura. Pasaron un par de días y nada. No contestaba mi llamada. Me comuniqué con mi amiga Yadira, quien maneja esa propiedad —que es parte de nuestros Airbnb y donde vive mi papá— para que se acercara a la casa y verificara que estuviera bien. No le contestó. «Abre la puerta», le dije. Yadira entró, manteniéndose conmigo en videollamada, y encontró a mi padre tendido, sin dar muestras de habla o movimiento. Gracias a Dios los paramédicos que lo atendieron pudieron hacerlo con premura. Para mí fue un horror ver el episodio, ahogada en llanto, y llamando por otro lado a mis hermanos. Esperé que uno de ellos, David, llegara rápido y con la ayuda de Carlos buscamos vuelos para trasladarme lo antes posible a Miami.

Ese episodio transcurrió durante la redacción de este libro, mientras intentaba escribir sobre mi vida para animarte, motivarte e inspirarte a ti que me lees hoy. Y precisamente en páginas anteriores he contado sobre la relación con mi padre, el amor, la fractura de nuestra relación y la restauración que ambos vivimos. Lo cuento porque quiero que entiendas que teniendo una vida y un matrimonio estables, unas finanzas saludables, diferentes negocios y mi compromiso de servicio a Dios, no estoy exenta de atravesar momentos trágicos y escabrosos en el camino. Nada me exime de vivir experiencias abruptas y angustiosas. Cambié y transformé mi vida, pero eso no quiere decir que esté libre de situaciones, problemas y tristeza. Justo cuando me encontraba a mitad de estas páginas, sucedió ese evento de salud de mi padre que nos sacudió la vida. La única gran diferencia es que tengo a Dios a mi lado para sostenerme, consolarme y darme dirección.

Muchas personas, equivocadamente, preguntan por qué les ocurren cosas negativas a los que conocemos y servimos a Cristo. Y déjame decirte algo con completa sinceridad: estar cerca de Dios no significa que no te vaya a suceder nada desagradable, o que no vayas a enfrentar retos y procesos difíciles. Sin embargo, significa que tienes a quien aferrarte, que confías en su plan y sabes que estará contigo en cada paso y que, por lo tanto, la victoria llegará. Y, ojo, la victoria quizás no sea lo que deseas o imaginas. Tal vez es una lección que tienes que aprender o alguna actitud que tienes que desaprender. No se puede relacionar aquello negativo que nos suceda con el hecho de tener o no a Dios en el corazón, de si lo seguimos o no.

En mi caso, llegué a Tulsa siguiendo el propósito para mi vida, para conocer más de Él y prepararme. Y de pronto, en medio de la estabilidad, surge esta prueba, este reto que, aunque no lo creas en primera instancia, es necesario en el camino hacia la madurez espiritual.

Cuatro hijos, una sola sangre

Voy a contarte algo sobre mi papá. Una historia agridulce, pero hermosa. Luego de tenerme y salir de Cuba, papi tuvo dos hijos de cuya existencia no se enteró hasta años después, cuando ya estaba en su segundo matrimonio con Mayra, mamá de mi hermano Alejandro. O sea, en total somos cuatro. Yo soy la mayor, luego sigue David, después Rachelita —sí, ¡mi hermana se llama igual que yo!— y el más pequeño es Alejandro. ¿Y sabes qué? Mi padre nos inculcó el amor de unos por los otros. Nuestras madres se llevan a las mil maravillas y nosotros nos amamos y nos mantenemos unidos todo el tiempo. Parece extraño, ¿verdad? Mi padre fue muy sabio al sembrar los sentimientos en el corazón de cada uno de nosotros.

Al divorciarse de su esposa Mayra, papi se mantuvo viviendo independiente. Es un hombre robusto, de personalidad vivaracha, fuerte, alegre, sociable, carismático... el alma de la fiesta, el amigo de todos. Llegó a sus 76 años de manera espléndida y viviendo al máximo, tal y como lo ha hecho desde joven. Pero mis hermanos y yo comenzamos a notarlo aislado. Un hombre que había vivido en tantos países: Panamá, Costa Rica, Puerto Rico, República Dominicana, Colombia; un hombre que visitaba a su Cuba querida; un viajero incansable, una persona extremadamente sociable se estaba apagando. «No quiero hablar, no quiero salir, a veces me siento triste», me decía en las llamadas que le hacía frecuentemente desde Tulsa.

Mis hermanos estaban pendientes, y todos notábamos lo mismo. Mi padre es un paciente con problemas de diabetes y presión alta, y también venció un cáncer de próstata del que se recuperó perfectamente. Siempre hemos estado al tanto de su salud. Por mi parte lo llenaba de preguntas: «¿Fuiste al médico?». «¿Tomaste tus medicinas?». «¿Cómo te sientes?». Veíamos un deterioro en su ánimo, en su actitud, y no lográbamos descifrar qué le ocurría. Pensamos que la edad estaba convirtiendo su carácter recio en una actitud más difícil. Mis hermanos lo visitaban constantemente, y yo aprovechaba cualquier oportunidad para viajar y verlo.

Mi experiencia con la depresión me levantó bandera y logramos que visitara a un médico que le recomendó antidepresivos. Supuestamente los tomaba, pero no había mejoría. Mi padre decaía, iba rumbo a ese túnel del cual me costó bastante esfuerzo salir. Hasta que descubrimos que no había asistido a la última consulta y no estaba tomando los medicamentos.

El episodio en la casa culminó con su ingreso al hospital por un aparente ataque al corazón. Pero fue peor, en el Jackson Memorial Hospital, luego de las pruebas pertinentes, nos informaron que mi padre había entrado en un coma diabético, que sus niveles de azúcar estaban en 1300. ¡Un horror! Lo recluyeron a prisa en la Unidad de Cuidados Intensivos (ICU, por sus siglas en inglés) y lo entubaron. No se explicaban cómo había llegado a ese estado, porque alcanzar ese nivel no sucede de un día para otro. O no se estaba tomando las medicinas o le tocaba cambiar de tratamiento. Pero no había forma de averiguarlo porque en su estado delicado y deteriorado, papi no hablaba. No había respuesta. Al despertar no recordaba nada, nos conocía únicamente por unos segundos y no podía hablar.

No puedo explicarles la angustia que vivimos mis hermanos y yo. Fueron días intensos, estábamos en el hospital en las horas que se podía visitar, presos de angustia. ¡Gracias a Dios nos sostenía la fe! Papi daba muestras de que su memoria estaba afectada. Al ir a su casa intentando encontrar respuestas y buscar entre sus cosas, descubrimos que no pagaba el teléfono y que los frascos de medicinas estaban llenos. Pero él no recordaba nada. Tenía unos destellos, unos chispazos en los que podía recordar algunas cosas, pero nada más.

En el momento en que escribo estas líneas estamos esperando los resultados para confirmar si mi padre enfrenta principios de una demencia senil que fue acelerada por el coma diabético que sufrió. Quizás el diagnóstico es otro, el de Alzheimer, ese trastorno cerebral que secuestra la memoria, trastoca la habilidad de pensar y que, pasado un tiempo, se roba la habilidad de realizar todas las tareas, incluso las más sencillas. Su padre lo tuvo y mi abuela por parte de madre, Chela, de quien les conté al principio de este libro, lo tiene. Así que estando rodeada de esa condición tan triste para quien la sufre y para su entorno, estoy consciente de lo que podría suceder y se me parte el alma en pedacitos.

Papi tiene el lado derecho del cerebro afectado y como consecuencia se afecta su lado izquierdo porque la instrucción no le llega. En adelante nos esperan estudios, pruebas, en fin, verle penetrar a ese mundo oscuro en el que se pierden los recuerdos acumulados en tantos años de vida. Él lo sabe. Cuando el doctor le hace alguna pregunta, mueve su rostro, me mira, y yo lloro por dentro.

Esta experiencia tan impactante hubiera sido distinta si hubiera ocurrido mucho antes, cuando no tenía a Dios en mi corazón. En medio de la pena y la desesperación, pude tomar una bocanada de aire y preguntarme cómo debía reaccionar una mujer de fe, cómo podía involucrar la fe en este proceso de tanto desconsuelo e incertidumbre. ¡Claro que lloré! ¡Y mucho! Pero mi madurez espiritual me ha enseñado a no tomar decisiones apresuradas, a no permitir que me domine el miedo, ¡a creer en el plan de Dios y en que está con él! No sé qué hubiera pasado si no tuviera la certeza que da la fe.

No importa el diagnóstico, yo le creo a Dios

Me siento menos sola porque Dios está conmigo y con mi padre. Y Dios todo lo puede. Lo puse en sus manos de inmediato, oré a través del teléfono y lo dejé a cargo declarando el restablecimiento de mi padre. No importaba lo que me decían los médicos, yo declaraba sanidad, restauración, recuperación. Nos dijeron que papi no volvería a caminar, que sería difícil que se levantara de ese estado. ¡Tendrías que verlo ahora! Camina, se comunica... claro, tiene sus dificultades y un poco de problemas al escribir mensajes, pero se ha recuperado increíblemente.

Y mira cómo son las cosas. Cuando yo le hablaba a papi sobre Dios se molestaba, se ponía bravo. Un día, estando en el hospital, nuestro pastor me llamó y me pidió que asistiera a la iglesia para compartir un mensaje en la reunión. Hablé con mis hermanos para que se quedaran en el hospital en lo que yo cumplía mi deber. Al regresar, mi padre clavó sus ojos en los míos. Entonces aproveché para preguntarle: «¿Cómo te sientes papi?». «¿Tú me permites orar por ti?». Tenía la sospecha de que me contestaría con coraje, que rechazaría la oración que le estaba ofreciendo. ¡Y fue todo lo contrario! «Claro, por supuesto», me dijo mientras yo aguantaba las ganas de echarme a llorar de esa felicidad tan hermosa que te abraza el espíritu. Le agarré la mano, tal y como lo hacía de pequeña, como cuando caminábamos hacia el centro de la pista para bailar o cuando cruzábamos alguna calle, y comencé a orar por él con todas las fuerzas de mi corazón, con ese deseo de que mi petición llegara al cielo y se derramara en una lluvia fresca de bendición sobre el hombre al que amo hasta el infinito.

Papi no pudo evitar un llanto intenso y sin fin. Todos, mis hermanos, los amigos que le estaban visitando, mis hijos, Carlos y yo, le acompañamos en el llanto. Tuve el privilegio de sentir la voz de Dios en mi oído para decirle un mensaje a mi papá. «Dios te dice que tienes que sanar tu corazón, que tienes que perdonarte, que tienes que dejar atrás todas esas cargas, todos los sentimientos de culpa, todos los cuestionamientos sobre si has sido buen padre para tus hijos, todo el dolor que ocasionó la muerte de tu mamá. Tienes que soltar». Fueron unos minutos inolvidables de preciosa intensidad, todo tan claro, tan vívido.

Dios me había hablado antes, mientras mi padre yacía en una cama en la unidad de terapia intensiva, casi sin dar muestras de vida. Su voz suave y misericordiosa recorrió mi interior y me bañó con su paz. «No te preocupes, él está dormido, pero yo estoy en su oído y él sabe que estoy a su lado». Entonces después, en su habitación, al desbordarme en oración sosteniendo su mano en la mía, papi expresó claramente: «Dios me salvó, Dios me dio otra oportunidad». ¿Te imaginas lo que sentí? Mi padre jamás mencionaba a Dios, nunca. Continuamos cancelando en el nombre de Jesús la falta de salud, la culpa, y declarando su sanidad interior, todo lo bueno, mientras él lloraba, respiraba profunda y lentamente, y exhalaba todo el peso que guardaba por dentro y que ahora salía de su cuerpo. Tomó un respiro grande y se quedó dormido, descansando. ¡Solo Dios!

Mi padre no recuerda nada de esto, sin embargo, en su vocabulario ahora expresa la frase «gracias a Dios», que antes nunca dijo. Quizás es un pequeño cambio, pero para mí, conociéndole, es un paso inmenso.

Como ya comenté, esta situación ocurrió justo en los días en que escribía este libro. Mi calendario y mi compromiso con los estudios, los negocios, los *podcasts*, los videos y la creación de estas páginas se detuvieron el tiempo necesario para atender el problema de salud tan apremiante que afectó a mi padre. La vivencia pudo haber amenazado la continuación de mis responsabilidades y desviado el propósito de Dios para mí y para ti mediante este libro; no obstante, ocurrió todo lo contrario. En el camino hacia ese propósito que te he explicado aparecen situaciones, subidas y bajadas, pero nada interrumpe mi paso porque mi manera de asumir lo que vivo es muy distinta a la de antes. Es totalmente diferente. Recibo las pruebas con emoción. ¡No creas que estoy loca! No las celebro, ¡no!, pero comprendo que si esta o cualquier otra es la prueba, la bendición que llegará la superará en tamaño y romperá cualesquiera que sean mis expectativas. ¡La grandeza de Dios no tiene límites!

En medio de esta experiencia agradezco inmensamente el gran trabajo realizado por mi padre para mantener a sus hijos unidos. Nunca entre nosotros ha habido peleas, ni distanciamientos, siempre estamos juntos y mantenemos una excelente relación. El sembrador recoge ahora el fruto, su cosecha, esa semilla de amor y unión que colocó en cada uno de nosotros. Y esa es una medicina maravillosa que le alivia, el saber que sus cuatro hijos se llevan bien, que se aman, que están a su lado y velan por su bienestar, que la sangre que llevamos en nuestras venas es más fuerte que todo. Dios ha sido demasiado bueno con mi padre, quien vive rodeado de hijos, nietos, amigos, ¡exposas!... un batallón en fe y oración.

Como mujer de fe enfrenté este proceso confiada, segura de que la fuerza de Cristo nos acompañaba en cada corre y corre desde que mi papá entró al hospital hasta que tuvimos que salir disparados a buscar un centro de rehabilitación que le recibiera al salir de la institución. Solamente quien lo vive lo puede entender, pero cuando tienes fe sabes que Dios va a proveer.

Sé que una pregunta ronda tu mente: *¿Y si tu papá no se hubiera recuperado?* Con todo mi amor y mi sinceridad te la contesto: habría aceptado la voluntad de Dios agradeciéndole el haberme llenado de fortaleza y permitido dar el máximo como hija hasta el último día. Tener a Dios no significa que no llores, que no vas a tener miedo, que no vas a dudar, que no lo vas a cuestionar. Sí, a Dios se le cuestiona, se le pregunta, para eso has cultivado una relación estrecha, para tener confianza y honestidad. Significa que tienes a quien tocarle la puerta para decirle: «Oye, qué hago ahora, ven a mí, por favor, búscame, dime cómo me recupero, cómo puedo levantarme y continuar». La voluntad de Dios es lo mejor para mí, estoy totalmente consciente de ello. Por eso le pido que se haga su voluntad en todo. ¡En todo! En mi relación matrimonial, en la casa, en los negocios, en las clases, en mi servicio; te repito, ¡en todo!

Ejercicio 11

El amor todo lo puede

Una de las enseñanzas más grandes e impactantes que he recibido de parte de Dios es la importancia de caminar en amor para con todos, o sea, los que conozco y los que no, los que me han amado y los que me han lastimado, los que me critican y los que no. Entonces, quisiera reflexionar contigo en lo que manifiesta este capítulo del libro.

Si yo no hubiera estado dispuesta a permitir ese cambio dentro de mí, ese que Dios me propuso desde el primer día en que lo acepté, no hubiera podido relacionarme con mis hermanos de la manera en que lo hago hoy en día. La división y el conflicto serían los protagonistas, no la sangre que nos une. Por otra parte, la restauración de mi relación con mi papá no hubiera sido posible y me hubiera perdido la oportunidad de estar junto a él en los momentos críticos que ha experimentado, especialmente el que atraviesa ahora por razones de salud. Tampoco hubiera sido capaz de corregir mis experiencias con mis hijos.

¿Qué quiero decir con esto? Pues que el amor todo lo puede, que primero debes decidir desaprender para aprender a amar nuevamente y de la forma correcta. Y no aprenderás sola, lo harás de la mano de ese ser todopoderoso que creó y diseñó el sentimiento del amor. Ese aprendizaje comienza desde nuestro interior y se lleva, con nuestras acciones, hacia el exterior. No podemos dar lo que no tenemos, y ese amor que es el regalo más importante y preciado, solo puede enseñártelo Dios. ¿Qué hacer entonces? Aquí te lo explico:

1. **Decide hoy abandonarte en las manos de Dios.** Hacer esto es necesario para que Él te enseñe a caminar en amor con todos, comenzando contigo misma.

2. **No pierdas jamás tu espíritu de aprendizaje, esas ansias de crecer en el conocimiento.** Nunca se deja de aprender, ¡nunca! Pídele a Dios que sea tu guía, que te muestre el camino que debes seguir. El proceso de crecimiento termina en el momento en que cerramos los ojos y nos despedimos de esta vida, no antes. Sé valiente y sigue enfrentando cualquier obstáculo que se interponga en tu camino y te impida avanzar.

3. **No tengas miedo de decir «lo siento».** El orgullo es nuestro peor enemigo, y reconocer que no hemos hecho bien tal o cual cosa da paso a que podamos corregirla. Ese proceso nos fortalece y nos hace más dignos.

4. **Acepta que tu pasado no te define.** Los errores que has cometido no dictaminan la persona que eres. Lo que pasó, pasó. Y sí, se queda ahí y no podemos cambiarlo, pero sí podemos escribir un nuevo futuro con el lápiz que Dios, amablemente, sostiene en tu mano si le das el permiso para hacerlo.

VERSÍCULO
PARA REFLEXIONAR

«Y este es Mi mandamiento: que se amen los
unos a los otros, así como Yo los he amado».

(Juan 15:12)

CAPÍTULO 12

Recordatorio en Perú

TAN PRONTO PISAMOS PERÚ SENTÍ QUE ALGO GRANDE venía... algo grande. ¡Carlos y yo estábamos emocionados! A ese país suramericano nos unen varios lazos. Nuestra comida favorita es la peruana, nuestra primera cita fue en un restaurante peruano, y ahora el lazo más apretado y el que siempre llevaremos en nuestro corazón es que Dios nos llamó a esta hermosa tierra para recordarnos su promesa y confirmar nuestra labor como sus fieles servidores. Justo en medio de la escritura de este libro, justo en medio de la aflicción por la salud de mi papá, Dios nos llamó a Perú.

Fue un viaje totalmente inesperado. Habíamos decidido pasar el fin de semana en nuestra casa de Los Cayos, Florida, en donde descansamos, nos desconectamos de los dispositivos electrónicos y nos liberamos de esa esclavitud que a veces desarrollamos por las obligaciones diarias. En los últimos días, entre la redacción de estas páginas y el emprendimiento de un nuevo negocio, estábamos agotados. Pero en la casa de Los Cayos disfrutamos de la paz que nos produce el contacto con el mar y siempre que vamos lo pasamos maravillosamente junto a nuestros queridos amigos desde hace más de diez años, Elí, Carlos, Andrea y César. Gracias a ellos compramos esa propiedad en la que recargamos baterías para poder continuar con el ritmo acelerado de las responsabilidades familiares, de los negocios, de los cursos, y por encima de todas, las del servicio a Dios.

Cuando estábamos allá creyendo que tendríamos un fin de semana para nosotros y para relajarnos un poco, nos llamó nuestro pastor José Mayorquín y nos pidió que asistiéramos a un congreso realizado por la iglesia Agua Viva, que lidera el pastor Sergio Hornung junto a su esposa Carla. ¿Perú, ahora? Habíamos separado en el calendario dos días para descansar, o sea, el fin de semana, y ya el lunes entraríamos a la carrera diaria. Pero Dios obra de manera sobrenatural y debemos estar alertas a lo que tiene que decirnos y pedirnos. Él toca e impacta la vida de todo el mundo, de todos sus hijos, y como resultado, la vida de cada uno puede iniciar un cambio hoy mismo, ahora mismo. Nuestro matrimonio es una muestra perfecta.

Carlos y yo no crecimos en hogares cristianos, somos dos seres imperfectos que hemos pecado, que hemos tenido momentos oscuros, que en ocasiones no hemos sido nuestra mejor versión y que ante los ojos del mundo podemos ser personas no agradables debido a sucesos trágicos que han ocurrido en nuestras vidas. No obstante, Dios nos ha llamado y este episodio que te cuento lo demuestra.

La petición de nuestro pastor nos inquietó. Requería un movimiento rápido de todos nuestros compromisos para tomar un vuelo y una estrategia eficaz para realizar, desde allá, lo que teníamos pautado. Tuvimos presente que en nuestra relación con Dios acordamos y prometimos decirle sí en todo momento. «Me gustaría que me acompañaran a unas conferencias lunes y martes, así que pueden venir el domingo», nos dijo nuestro pastor. Entonces, porque a fin de cuentas somos seres humanos, entramos en el dilema de vamos o no vamos, podemos o no podemos, que si tenemos tal cosa, que hay pautada una reunión... *¡Stop!*, dijimos ambos ante las dudas al reconocer que esa petición no venía de Mayorquín, sino del que tiene toda la gloria, Dios. ¡Y en nuestra vida Él está primero! Lo decidimos: «¡Nos vamos!».

Quiero decirte que en tu camino con Dios habrá instantes en los que te dejarás llevar por lo que el mundo te dice. Te surgen las dudas, las preocupaciones, te invade el perfeccionismo. «Es que tengo responsabilidades... ay, el trabajo, las reuniones, los eventos...». Tu mente se inunda, pero ¡detente!, Dios te está llamando hacia algo que es importante. Si te detienes, tal y como te aconsejo, reconocerás que hay algo importante que vas a recibir y que será determinante para que sigas hacia el próximo nivel dentro del plan que Él tiene para ti, tu propósito. Las distracciones del mundo que dominan tu tiempo y en ocasiones te agobian son, en realidad, parte de la vida. Lo importante es descifrar cuándo tienes que virar la cara y no mirar hacia ellas porque es hora de atender un llamado de Dios. Por eso resulta vital que desarrolles el poder para darte cuenta de su llamado, para escuchar en tu interior la voz de Dios o del Espíritu Santo y decir: «Sí, tengo que escuchar y hacer caso».

La confirmación de Dios

Como ya mencioné, nosotros vivimos uno de esos momentos en que era necesario alzarnos frente a todas las actividades que ocupaban nuestra agenda. ¡Y fue estupendo! Llegamos a Perú el domingo y el lunes, temprano, acudimos al congreso de la iglesia Agua Viva. La sede era ¡un coliseo! Sí, imagínate nuestro *shock* emocional cuando vimos a quince mil personas allí reunidas. No había un solo asiento vacío. La presencia de Dios se percibía en el aire, en los sonidos, en las sensaciones. El pastor Sergio Hornung dijo algo que me impactó y que se me ha quedado grabado de tal manera que trato de recordarlo todos los días: «Todos somos llamados, pocos somos elegidos». Absolutamente todos somos llamados e invitados por Dios, pero ¿qué te convierte en elegido? Pues he de explicarte que muchas personas no acuden a ese llamado porque les cuesta salir de su zona de comodidad y sacrificar actitudes a las que han estado acostumbradas durante años. «Esto es muy difícil», dicen y piensan, por lo que deciden no ser elegidas.

Y aquí te aconsejo algo importante, busca un líder, un mentor que ejerza un liderazgo sano, que ame a los seres humanos, pero que tengan claro que Cristo es la roca. Un mentor que no incentive la dependencia a tal o cual persona, sino que te invite y motive a depender únicamente de Dios. Así es nuestro pastor José Mayorquín; él

junto a su esposa Michelle nos han conducido por el camino correcto
para cultivar una relación sólida con Dios, acudir a su búsqueda, ir
a sus pies y permitir que nos guíe.

Entre los conferencistas del congreso se encontraba el apóstol
Ronny Oliveira, un profeta brasileño al que, casualmente, Carlos y
yo hemos seguido durante mucho tiempo. Es un hombre sabio, que
transmite la Palabra de Dios de una forma espectacular.

Ronny comenzó a hablar, a dar un mensaje y a profetizar sobre
distintas personas. Antes de seguir quiero decirte que hay profetas
falsos y que debemos ser sumamente cuidadosos a la hora de seleccio-
nar alguno. Pero hay otros que han sido llamados, a quienes Dios les
ha entregado el don de profetizar, y no me cabe duda de que Ronny
es uno de ellos. Mientras profetizaba, alguna gente se quebraba, se
escuchaba el llanto y se oían las alabanzas.

En un momento, de la nada, se volvió hacia mí y comenzó a
hablarme. «Tú has sido llamada para hablar delante de muchas personas, trabajar en la autoestima de muchas mujeres y contribuir a la
sanación de muchas de ellas». En ese momento, estallé en llanto, no
me podía controlar. Entonces miró a Carlos y el mensaje hacia él
fue impresionante. «Dios te sacó de donde estabas para que nunca
más regreses. La oración de ella te alcanzó. Ella le pidió a Dios que
le trajera un hombre que la guiara, que amara a sus hijos, que no la
traicionara y con quien ella pudiera servir». Carlos y yo nos quedamos
petrificados, ambos llorando intensamente. Ronny no nos conocía
y sus palabras encerraban la realidad de la petición que yo le hice a
Dios y que había compartido en mis mensajes, en mis *podcasts* y de
la que he escrito en este libro.

El profeta continuó: «Ustedes van a impactar matrimonios con lo
que hacen», y mirando a Carlos expresó: «Los negocios corren, vuelan
en vez de caminar, hay una activación en ellos, un avivamiento». Me
resulta imposible describirles a la perfección la magnitud del impacto
que recibimos. Muchas veces en el camino nos preguntamos: *¿Será
por aquí? ¿Estoy cumpliendo el propósito como debe ser? ¿Estoy siendo*

suficientemente fiel? ¿Será esto lo que me dijo Dios? No te asustes, esas dudas son normales como parte de nuestro deseo de hacer las cosas bien, porque cuando Dios nos da promesas y nos topamos con dificultades y vemos que la manifestación no ha llegado, comenzamos a dudar.

Las palabras que recibimos en Perú fueron un recordatorio. Hasta me emociono al escribirlo aquí. Cuando más cansada estás, Dios te levanta; cuando más nublada está tu mente, Él te confirma; cuando más dudas tienes, Él te recuerda. Si Dios te llama y te habla es porque algo mejor tiene para ti. Y que quede muy claro, repito, no hablo sobre una religión, sino de una relación. Las relaciones hay que alimentarlas, cuidarlas y protegerlas para que crezcan y se vuelvan más firmes y duraderas. El Padre nunca te llama para estancarte, al contrario, Él quiere que avances, que evoluciones y que seas sana y estable para que las próximas generaciones lo sean también. Claro que puedes sentirte perdida en algún momento del camino, claro que puedes atravesar un periodo de estancamiento, pero en esos momentos pregúntate si tienes el oído lo suficientemente aislado de los ruidos exteriores, de las creencias falsas y de los comentarios del mundo como para no ser lo bastante sensible y poder escuchar con claridad lo que te dice el Creador.

Diez años han pasado desde aquella promesa y Dios ha sido tan amable que me ha recordado que la tiene presente y que cada uno de mis pasos es para afianzarla. Y dentro de esa promesa estás tú que lees el libro en este instante, sí, ¡estás tú! ¿Tienes idea de cómo lo sé? Pues porque estando en el congreso recibimos mensajes todos los días, uno de ellos muy particular. El pastor colombiano David Scarpeta, quien participó junto a su esposa, la pastora Diana, y a los que conozco porque ministran en una iglesia en Houston, Texas, expresó algo que me conmovió y me llegó directo, porque siento que Dios me ha dado la capacidad y la habilidad para explicarte a ti y a todos en mi camino que Él te ama, con o sin tatuajes, con cualquier defecto, con tus problemas, con todo lo que has hecho en el pasado. ¡Te ama! Entonces, cuando el pastor mencionó que él, como su servidor, le pide al Padre que le dé un mensaje entendible para la gente, conecté de inmediato. Porque eso es lo mismo que yo le solicito en mis oraciones diarias. «Ponme delante a las personas que quieres que le transmita tu amor, tu poder, tu mensaje... Capacítame para hacerlo de manera sencilla, para que entiendan y sientan la necesidad de abrazarte».

No me canso de enfatizar que no fomento la práctica de la religión ni de la religiosidad. Creo en vivir la Palabra, y la Biblia es mi manual. Lamentablemente existe mucho rechazo hacia Dios debido a las divisiones que el mismo hombre ha creado. Pero el amor de Él es sencillo, te ama y punto. Seguirle no requiere protocolos o procesos complicados, solamente tienes que pedirle perdón por tus pecados y abrirle tu corazón. ¡Nada más! Todo lo complicado viene del hombre.

Nos despedimos de Perú sintiéndonos renovados y muy claros en que Dios nos llevó a ese congreso para recordarnos que no debíamos dudar, que cuando piensas que no está obrando Él te deja saber que no descansa, que está activo. Carlos y yo dejamos esa tierra muy conmovidos por la misericordia de Dios y sintiéndonos listos para todo lo que viene, todo lo próximo. ¿Qué será? Pues no sabemos, desconocemos lo que vendrá, pero no necesitamos conocer detalles. Solamente necesitamos tener nuestros oídos sensibles a lo que Dios precisa de mí hoy, y caminar un día a la vez.

Ejercicio 12

Suelta el control y entrégaselo a Dios

¿Te consideras una persona perfeccionista? Te confieso que antes pensaba que la autoexigencia era una característica fenomenal que nacía en el anhelo por hacer todas las cosas de una manera excelente siempre. Y es cierto que debemos tratar de que cada cosa que realizamos haya sido hecha lo mejor posible. Pero en mi caso, esa perfección era obsesiva y se trasladaba a los demás, a quienes trataba con altas expectativas. Sin embargo, actuar así nos lleva a sentirnos decepcionadas o traicionadas porque, en realidad, no podemos controlar lo que hacen otros y mucho menos pretender que sus acciones estén en consonancia con lo que nosotras esperamos.

Tiempo después de iniciar mi búsqueda de Dios, Él fue mostrándome que mi perfeccionismo descontrolado venía de mi inmenso temor a fracasar y ser rechazada. ¡Guau, qué verdad tan impactante la que tuve que enfrentar! Y cuando llega una verdad a tu vida, tienes dos opciones: reconocerla y decidir enfrentarla, o ignorarla y evadirla. Desde lo más profundo de mi corazón decidí poner todo en manos del que todo lo puede, de aquel que tiene el mejor plan para mi vida, de quien me diseñó con amor y hasta puede mover montañas si es necesario. Así que todos los días en mis oraciones le digo lo siguiente:

1. Padre, que se haga tu voluntad en cada área de mi vida.

2. Te pido ser una mujer flexible que se adapte a lo que necesitas de mí y no a mi deseo carnal.

3. Ayúdame a no aferrarme a mi plan, sino al tuyo.

4. Dios mío, sé que no soy yo, sino tú. Permite que pueda recordar siempre darte la gloria a ti.

5. Enséñame a entender los cambios que surgen inesperadamente en mi vida y a no olvidar que siempre tus promesas para tus hijos son de bien.

6. Señor, reconozco que te entrego el timón de mi barco; mi vida, mi tiempo, mi familia, mi hogar y mis finanzas te pertenecen.

7. Permite que la nueva criatura que soy tenga más espacio que la que era antes. Gracias Padre, te creo y confío en ti hoy y por siempre.

VERSÍCULO
PARA REFLEXIONAR

«No se adapten a este mundo, sino
transfórmense mediante la renovación de su
mente, para que verifiquen cuál es la voluntad
de Dios: lo que es bueno y aceptable y perfecto».

(Romanos 12:2)

CAPÍTULO 13

Tu manual para ir de menos a más

AHORA QUE ESTAMOS LLEGANDO AL FINAL DE ESTE LIBRO quiero resumirte esas ideas que a mí me han resultado muy útiles, las cuales me parecen fundamentales para dejar atrás una vida de pesar y dificultades y transformarla en una existencia exitosa y de realización personal. Aquí te regalo, con todo el amor de mi corazón, las enseñanzas que he acumulado en estos cincuenta y un años para que, con la mirada puesta en nuestro Dios, se conviertan en tu propio manual en el camino por donde vayas de menos a más.

1. **Habla con Dios todos los días.** Concédele a Dios un espacio preferente en tu agenda diaria. Aparta tiempo para conversar con Él antes de que te entregues al ajetreo de tu rutina cada mañana. Cuando establezcas esta costumbre, verás que el día que por alguna razón no lo hagas te hará una falta enorme y sentirás un vacío en tu interior. Pero háblale con sinceridad, sin filtros; recuerda que Él te conoce muy bien.

2. **Confía en el proceso.** En el camino hacia el aprendizaje y la transformación lo más importante es el proceso. ¿Por qué? Pues porque es el método que Dios usa para que te descubras, te encuentres, te analices, te percates de tus destrezas, tus capacidades y herramientas, mientras al mismo tiempo te topas con todas las áreas que debes trabajar para mejorarlas. El proceso es increíblemente fantástico, ya lo verás.

3. No le temas a los retos. Enfréntalos con fe y alegría. Los retos son procesos que Dios utiliza para moldearnos y capacitarnos en el camino hacia la gran bendición que llegará después de ellos. Sé fuerte y valiente. ¡Sonríe y continúa!

4. Sé flexible. Los cambios inesperados requieren flexibilidad. En mi caso, siempre fui muy cuadrada, es decir, muy rígida; estoy acostumbrada a manejar todo en detalle. ¿Te identificas? Dios trabaja contigo presentándote experiencias que no esperas y que aparecen de repente. Entonces, es importante que seas flexible, que concientices que Él es quien planifica y que resulta estupendo dejarnos llevar por su mano y abandonarnos a su voluntad. ¡Suelta el control! Sientes que nadie hará las cosas mejor que tú, pero déjame decirte que no es cierto, y que debes estar tranquila y sosegada.

5. Levántate temprano. Para lograr cambios en tu interior, en tu casa, en tu profesión y en tus finanzas debes manejar tu tiempo correctamente. Las mañanas son maravillosas, es el tiempo perfecto para dedicártelo a ti, y como resultado podrás tener un día productivo. Sí, ya sé, quizás te resulta difícil, pero te aseguro que esas horas tempranas te pondrán en órbita y maximizarán tu día. Toma tu taza de café, haz tus oraciones, habla con Dios, arréglate, cuida tu cuerpo y enfila tus acciones para alcanzar el tope de tus metas y proyectos.

6. Lleva un *vision board* o cuaderno. Hay una frase que amo: «Si lo puedes ver, lo puedes vivir». Las limitaciones están en nuestra mente e impiden que vivamos los anhelos de nuestro corazón. Toma ahora mismo un cuaderno o una pizarra, y atrévete a diseñar la vida que quieres. ¿Qué mujer quieres ser? ¿Qué negocio te gustaría tener? ¿Cuál es la casa de tus sueños? ¿Qué países te gustaría visitar? ¿Qué legado quieres dejar para tu familia? Estas son solamente algunas de las muchas ilusiones que puedes diagramar en tu cuaderno mediante imágenes que a diario veas, disfrutes y repases. Verás cómo Dios irá abriendo las puertas necesarias para su cumplimiento.

7. No temas a un amor diferente. Si anhelas encontrar a una pareja para que sea tu compañía en la vida, ¡tranquila! Dios lo tiene para ti y a la medida que necesitas. Eso sí, no temas si ese hombre que Dios pone en tu camino es unos años menor que tú, mayor que tú, o de diferente nacionalidad, color o profesión. Yo estuve casada con uno mayor, con uno de la misma edad, y ¡mira! El que Dios tenía para mí resultó ser unos años menor. No te preocupes por la guapura o por la solidez financiera, pide el hombre que Dios tiene destinado para acompañarte en su propósito para ti y todo lo demás vendrá por añadidura. No permitas que los prejuicios lleven tu vida. Eso sí, sé muy específica con Dios sobre lo que realmente es importante para ti acerca de ese hombre.

8. Elimina los ruidos externos. ¡Disfruta del silencio! Las mejores respuestas a mis interrogantes han llegado en momentos de silencio. Regálate un tiempo diario para disfrutar de esos espacios sin ruido que alimentan tu mente y calman tu interior. Cierra los ojos y déjate abrazar por la luz tibia y acogedora de Dios. Respira, viaja imaginariamente, relájate... Las mujeres, por naturaleza, estamos siempre ocupadas en lo concerniente a los demás. Es justo que dediques aunque sea unos minutos diarios a esa sesión contigo misma, la cual te aseguro que rendirá frutos excelentes en tu vida. No pierdas tu valioso tiempo en distracciones que no aportan nada a la obtención de tus metas y mucho menos en las que no te hacen crecer en la presencia de Dios. A eso le llamamos ruidos externos, porque te roban tiempo y energía. Evita los chismes, el entretenimiento punzante y sin sentido, las habladurías negativas. El tiempo que le dedicas a esos sucesos puedes invertirlo en tu crecimiento.

9. Haz ejercicio cada día. Es justo y necesario que así como cuidas de tu interior, cuides de tu exterior. Tu cuerpo requiere el compromiso de atenderle, mimarle y protegerle, y el hecho de tener una rutina diaria de ejercicio físico hará la diferencia. Busca qué tipo de ejercicio disfrutas. A lo mejor es yoga, pilates, *boxing*, ciclismo, zumba, no sé, pero prueba de todo para que puedas identificar cuál va más contigo y lo que te divierte. Tal vez caminar alrededor de donde vives escuchando un *podcast* es suficiente para ti. Te invito a descubrirlo.

10. Organízate. ¿Te confieso algo? Hoy puedo decirte que la organización es una de las herramientas más eficaces para lograr el éxito en todas las áreas de tu bella vida. Organizarte te da estructura, y esa estructura es tu ruta hacia la mayor productividad para alcanzar cada meta. Lleva un calendario, escribe lo que harás a cada hora, sé celosa con tu tiempo, úsalo a tu favor, analiza en qué te distraes, modifica tus horarios y escribe tus actividades de valor de acuerdo con lo que quieres lograr. Detrás de tu rutina diaria está tu destino. Sé que puedes hacerlo, porque si yo lo logré, tú también puedes. Tenemos las mismas veinticuatro horas, ¿por qué entonces unos somos más productivos que otros? Encuentra tu punto débil y trabájalo.

11. Escoge a las personas de las cuales te rodeas. Somos el resultado de las cinco personas con las que más tiempo pasamos. ¿Quiénes forman parte de ese grupo de amigos con los que pasas más tiempo? ¿Te suman? ¿Tienen una actitud positiva? ¿Los admiras? ¿Poseen tus mismos valores? Analiza si son personas que avanzan, y si resaltan tus errores o tus virtudes. ¿Son pacíficos o problemáticos? Nadie nos ha enseñado a hacernos estas preguntas, pero te garantizo que si empiezas ahora mismo a responderlas podrás darte cuenta de que ese círculo del cual te rodeas tiene gran influencia en tus decisiones, actitudes y aspiraciones. Por lo tanto, hoy puedes empezar a elegir más sabiamente a aquellas personas a las cuales les dedicas tus horas.

12. No te detengas por las críticas. La gente siempre va a hablar, comentar o murmurar. Tu enfoque no debe ser qué piensa la gente de ti o de lo que estás haciendo. Tu enfoque debe ser lo que dice Dios de ti. *¿Le estoy agradando con lo que hago?* A Dios no le interesa lo que tenemos, sino lo que somos. Acerca de las críticas, aprecia las que tienen un contenido constructivo, porque vienen de personas que aman educar y ayudar a otros. Distingue con cautela a quién puedes prestarle tu oído.

13. Aprecia y valora a los buenos amigos. ¡Cultiva la amistad! A veces, en el correcorre del diario vivir, descuidamos y abandonamos esa atención que se requiere para alimentar una buena amistad, de esas que siempre están disponibles para ti. Una buena amistad te escucha porque sabe que eso es lo que necesitas. Quizás no están a tu lado cuando celebras, pero cuando lloras corren para estar junto a ti. Tengo la inmensa bendición de contar con grandes amigos, y cada día le pido a Dios que me ayude a dejarles saber con mis acciones cuán importantes son para mí. Esa red de seres humanos incorruptibles me ha ayudado en los momentos más difíciles de mi vida.

14. Acumula memorias, no riquezas materiales. No persigas la abundancia material si obtenerla significa dejar de vivir experiencias con tus hijos, con tu esposo, con tus padres o contigo misma. Lo material puede desaparecer en segundos, en un instante; sin embargo, las fotografías mentales de lo vivido te alimentan el alma y el espíritu. Así que diséñalas intencionalmente. Nada hay más bello que cuando mis hijos me muestran fotos de los viajes que hemos realizado, o cuando recuerdan que yo corría a la misma vez que Juan Daniel cuando se encaminaba a hacer una anotación en su juego de fútbol americano, o las veces que bailaba flamenco con Daniela para enseñarle ese arte tan colorido. ¡Las experiencias no tienen precio!

15. Háblate con amor. Las palabras traen vida o muerte, levantan o aplastan, te animan o derrotan. Practica cada día la comunicación efectiva y motivadora contigo misma. Lo que piensas se convierte en lo que dices; lo que dices, en lo que haces; y lo que haces, en tu destino. Por lo tanto, empieza a transformar tu pensamiento para que desde ahí tus resultados sean distintos. Si piensas positivo, serás capaz de empoderarte para tomar acciones correctas y de esa forma poder vivir cada imagen que diseñaste para caminar en plenitud.

16. Activa la gratitud. Vivir con un corazón agradecido es una herramienta que activa las energías positivas que te impulsan hacia tus logros. Observa a tu alrededor y aprecia todos los detalles que componen tu vida, sal a ver la naturaleza y admira su belleza, piensa en tu entorno de seres queridos y valora su presencia en tu vida. Al hacerlo, te darás cuenta de la abundancia que te rodea y activarás la gratitud en tu ser. La gratitud inspira, motiva, sostiene y te abraza.

17. No temas hablar sobre finanzas. No temas hablar sobre los asuntos de negocios, finanzas y dinero. Creer en Dios no está reñido con tener, siempre y cuando lo hagas sobre la plataforma que brinda la Palabra de Dios. Tienes derecho a finanzas saludables, y por qué no, a riquezas. El trabajo honra a Dios, y las ganancias abundantes que se obtienen, así como la libertad financiera que se disfruta te permitirán servirle sin preocupaciones y ayudar económicamente a quienes lo necesitan. Dar es una acción que tiene grandes satisfacciones para quien lo hace y para quien recibe.

18. Valórate. Eres una mujer muy valiosa, valiente, una persona capacitada y repleta de virtudes. ¡Siempre tenlo presente y sigue adelante hacia el cumplimiento de tus metas!

19. Desarrolla tu fe. ¡Esto es posible! Nada más con mirar el desarrollo de una criatura confirmarás la grandeza de Dios y cómo toda creación suya es una verdadera maravilla que muestra su poder. Dios es todopoderoso, una palabra que lo abarca todo porque para Él todo es posible. A diario, en todas partes del mundo, Dios se manifiesta a través de sorprendentes acciones y te aseguro que si miras atrás verás que se ha manifestado en tu vida igualmente. Abre tus brazos y recibe las promesas que tiene para ti.

20. Fortalece tus destrezas. Todos venimos equipados con unas destrezas que Dios colocó en nosotros, pero es importante atenderlas, cuidarlas y fortalecerlas. Toma unos instantes del día para educarte, aprender y desarrollarte en la materia que te interese. Hay tantas maneras gratuitas de ensanchar el conocimiento y que están al alcance de tu mano. No dejes de hacerlo, no importa tu edad o condición, siempre será un buen momento.

21. Trabaja en tus debilidades. Sí, todas las tenemos. Son puntos que sabemos, a conciencia, que debemos descartar o, en la mayoría de los casos, arreglar. Analiza y determina cuáles son esos aspectos de tu ser que debes trabajar para que se conviertan en un vehículo de bendición. Puede ser una actitud, una creencia limitante o un defecto, pero la buena noticia es que si te lo propones, puedes transformar esa debilidad y sumarla a tus fortalezas. Y en esa gestión Dios estará contigo para revertirla y sumarla a tus fortalezas.

22. Respira. ¿No te ha pasado que en medio del ajetreo sientes que has dejado de respirar? A veces vivimos tan agitadas que no tomamos el tiempo para bajar el estrés, y si permitimos que ese estrés se acumule puede tener un efecto directo en nuestra salud. ¡Respira! Detente unos segundos, cierra los ojos y recupera la calma.

23. Ríete. La risa es sanadora. Sonreír mueve los músculos de nuestro rostro de una manera saludable. ¡Imagínate entonces lo que hace una carcajada! Rodéate de gente que te haga reír y sé tú una fuente de risa para otros. Decía una revista que se publicaba hace muchos años que la risa es un remedio infalible. ¡Y en verdad lo es!

24. Ponle fecha a tus sueños. No dejes tus aspiraciones de lado, ahí, en la quietud. Ponle fecha en tu calendario a todo lo que quieras lograr para que te motives a tomar las decisiones que te llevarán a convertirlo en realidad. Muchas veces tenemos grandes ideas, metas, proyectos, pero los dejamos en el cofre del olvido. Dios nos da sueños para vivirlos, no solo para soñarlos.

25. Renueva tu mente. Conviértete en la detective de tu mente. Cuando experimenté el impacto tan grande que tenía mi manera de pensar en los resultados que veía en mi vida, en las relaciones y decisiones, empecé a vigilar todo lo que ocasionaba que un pensamiento estuviera ahí. Un excelente ejercicio para autoayudarte es escribir los pensamientos recurrentes. De esa manera empiezas a ver tu realidad con mayor claridad. Somos lo que pensamos. Recuerda que todo lo que piensas se convierte en lo que dices y haces. ¡Cuidado!

26. Desarrolla el hábito de leer. Leer es un hábito que expande tu mente y te permite viajar hacia un universo amplio de conocimiento. La lectura está al alcance de tu mano y puedes acomodarla en el espacio que tengas disponible. Sumérgete en libros de contenido inspirador, positivo, que te permitan aprender, levantar los límites y conocer nuevos horizontes.

27. Sal de la caja. Has escuchado decir la frase «fuera de la caja». Se refiere a las personas o acciones que no son las típicas o lógicas, sino que responden a la autenticidad sin miedo de ser diferentes. Atrévete a salir de la caja, a salir de tu zona de comodidad. Toma las decisiones y obra de la manera que entiendas conveniente sin atarte a lo que hagan los demás. Aprende y explora cosas nuevas. ¡Atrévete a soñar en grande! Es más, que tus sueños sean tan grandes que hasta miedo te den. Si algo te funciona, ¡adelante! No tienes por qué imitar a otros, porque Dios te creó como un ser individual y original.

Yo antes... yo después

No quisiera terminar el libro sin antes hacer un recuento rápido de mi recorrido de menos a más para que tengas una idea exacta de la grandeza y la misericordia de Dios, que tuve el privilegio de constatar en mi persona, y de cómo su mano nos lleva en todo momento, incluso cuando todavía no le hemos entregado nuestro corazón.

Una mujer de menos...

La Rashel de antes transicionó de ser una niña feliz a ser una mujer con el corazón acorazado. Los golpes sentimentales me endurecieron y me convirtieron en una persona con un carácter dictatorial y fuerte. No cuidaba lo que hablaba y aunque la sinceridad es una cualidad elogiable, a veces la verdad exenta de sensibilidad no es buena. Era impulsiva y peleona, un fosforito cuya llama se encendía a la menor provocación. Mi corazón estaba cerrado, huía de los fracasos y de la posibilidad de errar otra vez, y se protegía para no sufrir más daños. La consecuencia de todo esto fue que mi sensibilidad se nubló de tal manera que mi compasión y empatía ya no eran las mismas de antes.

El cambio en mi ser no me ocasionaba problemas con mi trabajo, porque yo cumplía con mis responsabilidades excelentemente. Sin embargo, me proyectaba de una manera muy fuerte en mis expresiones, comportamiento que afloraba a la hora en que entendía que era necesario defender a los demás en alguna situación laboral. Eso no estaba mal, a fin de cuentas mostraba solidaridad y sacaba la cara por alguien que lo necesitara, pero la forma y el tono en que lo hacía no eran los mejores. Las verdades salían de mi boca como proyectiles, sin filtro, en un tono y un estilo demasiado áridos. Detrás de la figura televisiva residía una mujer con el espíritu fracturado, la autoestima lastimada y el alma protegida con un escudo.

Esa manera de ser, que no se correspondía con lo que había sido en mis años de juventud y mucho menos con lo que soy hoy, salpicaba a mis hijos. Era inevitable. Las personas que más amo eran las que más sufrían por mi causa. Podía ser flexible con los demás, pero no así con los míos. Con ellos era exageradamente perfeccionista y exigente, y reconozco que esa actitud no estaba bien.

Recordando esa etapa de mi vida puedo decir con sinceridad y un poco de dolor que mi primogénito Juan Daniel fue el que más sufrió porque era el más grandecito. Vivió mucho tiempo más que mi hija con la mujer emocionalmente desbalanceada que yo era en ese momento. Fue un tramo fuerte en nuestras vidas, de veras muy fuerte. Para colmo, e irónicamente, mi hijo vivió con su padre lo mismo que yo viví con el mío. Mi historia se repitió en él. A sus cuatro añitos su padre tuvo que irse del país debido a problemas de índole mayor que no estaban bajo su control y que requerían su mudanza. Decidió establecerse fuera de Estados Unidos, así que vivimos una etapa difícil que me llevó a abandonar mi carrera en la televisión durante dos años y medio para atenderlo.

Juan Daniel, tan chiquitito, interpretó la mudanza de su padre tal y como lo hice yo con la salida de Cuba de mi papá, es decir, como abandono. Su mente de niño no procesaba la situación tal cual era, sino como una separación definitiva. Y es lógico, lo sé por experiencia propia. Como consecuencia, mi hijo querido comenzó a tener episodios de lo que podría llamar rebeldía infantil. Se enfurecía, se descontrolaba y me rechazaba. Tuvimos que recurrir de inmediato al psicólogo y recibir ayuda los dos. Él para procesar la situación y yo para capacitarme y tener las herramientas que necesitaba con el fin de ayudarlo. Lo dejé todo, absolutamente todo, me aislé del mundo exterior para poder atenderlo. Su doctor lo ayudó a entender que su papá estaba vivo y que aunque en principio el contacto era poco, la relación se restablecería. De hecho, Juan Daniel y su padre gozan de una relación robusta y saludable en la actualidad.

En mi caso, tuve que recibir ayuda para poder enfrentar aquello y ser el sostén de mi hijo. Su sistema nervioso actuaba empujando a quien le quedaba cerca, que era yo, para comprobar si me iría de su lado. Es increíble cómo los niños canalizan sus situaciones y las exteriorizan, ¿verdad? No saben cómo verbalizar lo que sienten, así que lo expresan de la manera que pueden. Según la doctora que me asistió, su comportamiento buscaba saber si la única persona que supuestamente le quedaba lo abandonaría o no.

Me dediqué a Juan Daniel en alma, vida y corazón, asistía a sus terapias, me activé como madre en su salón de clases para que sintiera mi presencia constante, lo acompañaba a sus deportes... ¡todo! Hoy entiendo que si no hubiera tomado la decisión de alejarme de la televisión por dos años y medio, mi relación con mi hijo estaría fracturada y Juan Daniel no se hubiera desarrollado como el hombre seguro y estable que es. Con orgullo puedo decirles que Juan Daniel es un hombre muy seguro y noble, y en parte se debe a la atención que recibió. A veces tienes que abandonar tus sueños por el bienestar de los tuyos.

Más tarde, después de mi segundo divorcio y con mi hija Daniela ya nacida, en mi mente de madre me juzgaba. Tenía dos hijos de padres distintos. *¿Hasta dónde vas a llegar, Rashel?*, me cuestionaba. *Ya van dos hijos, dos padres, dos matrimonios y dos divorcios.* Gracias a la ayuda que recibí aun sin tener a Dios en mi vida, pude alimentar el instinto y la sabiduría para manejar la situación con mis hijos de manera que ambos amaran a sus padres, que tuvieran amor suficiente para darle a mi nuevo esposo y a su hija, y que pudieran tener en mí el ejemplo de lo maravillosamente que me llevo con sus padres, sus esposas y sus hijos. Tanto es así que compartimos en las fechas especiales y nos hemos convertido en una gran familia extendida.

Tengo una relación excelente con mis hijos gracias a las decisiones que tomé en el camino por el cual Dios me guio sin yo percatarme de que lo hacía. Sí, porque hoy puedo decirte que en ese tramo amargo de mi vida Dios me fue dirigiendo para dar los pasos correctos y adecuados que debía tomar como madre. No me canso de agradecerle su dirección, a pesar de que no había llegado el momento de abrirle las puertas de mi corazón. Ya les digo, ¡Dios es maravilloso y tan misericordioso y presente!

...Una mujer de más

Cuando entré en mi etapa depresiva y durante el periodo difícil de Juan Daniel, mi hija Daniela era muy pequeñita. Un tiempo después llegó Dios a mi vida, así que ella, en su crecimiento, tuvo la fortuna de vivir con una mamá más serena, más equilibrada y estable. Mi hija y yo siempre hemos tenido una relación cercana. Cuando Daniela crecía yo era ya una versión corregida, gracias a Dios. Con Juan Daniel fui mucho más estricta, funcionaba bajo el miedo, me aterraba que cayera en las drogas, en fin, era demasiado exigente con él. Afortunadamente me di cuenta y pude enmendar mi manera de criar de forma que fuera beneficiosa para él.

Les cuento algo que me estruja el corazón. A Juan Daniel tuve que pedirle perdón por mis errores, por mi dureza, por criarlo de la única forma que sabía. Las madres debemos reconocerlo cuando nos equivocamos. No hay nada de malo en ello, al contrario, nos hace crecer y nos libera. Una de las cosas que más gozo produce en mi alma es el recuerdo de ese momento en el que le pedí perdón a mi hijo y él, con una madurez y una nobleza impresionantes, me contestó: «Mamá, yo soy lo que soy gracias a ti, gracias a que estabas conmigo, encima de mis cosas, pendiente».

Como te habrás podido percatar, con Juan Daniel fui *una mujer de menos*. Con Daniela, *una mujer de más*.

Ha sido hermoso ver cómo, a pesar de las actividades típicas de sus edades, mis dos hijos han permanecido unidos a nuestra casa. Ya son dos adultos y con vidas ocupadas y productivas; sin embargo, esa unión con mamá se mantiene firme y sólida. Gracias a Dios, ambos son muy amorosos, siempre están pendientes de mí y buscan cualquier momento para que estemos juntos.

Cuando hago un análisis y me autoevalúo —sí, porque es importante detener la marcha y evaluarse— concientizo que todavía hoy sigo siendo imperfecta; sin embargo, reconozco mi transformación. Atrás quedó el dramatismo, los llantos desesperados, la firmeza exagerada y la dureza. Hoy día recurro a Dios, a lo mejor de mí para enfrentar cualquier situación inesperada con calma, con paciencia y sabiduría. Respiro... me detengo... inicio la búsqueda de una solución y no invierto el tiempo cuestionando por qué a mí. Las preguntas que se adhieren a mi mente son: *¿Para qué? ¿Qué debo aprender? ¿Cómo debo reaccionar? ¿Qué dice mi fe?*

Una de las mayores lecciones que he aprendido es saber que, aunque puedo trabajar en mi cambio personal, no puedo cambiar a los demás. Hago el ejercicio de callarme, los observo, y oro con fervor pidiéndole a Dios que ponga su mano sobre ellos porque reconozco que es el único que puede realizar la transformación fantástica y gloriosa que necesita esa persona, ese ser humano que quizás anda perdido y sin rumbo.

La nueva Rashel, la que volvió a nacer hace diez años, es una criatura que lucha por agradarle a Dios, por sujetarse a sus indicaciones y por seguir el camino que ha trazado para mí. Con mis acciones y mi devoción intento agradecerle el que haya cumplido su promesa de atraer a mi vida un hombre bueno con quien compartir las buenas nuevas de su poder y juntos servirle con el fin de que nuestro ejemplo sea estímulo para otros. Esta nueva Rashel está llena de energía y muy comprometida con el propósito de ser un instrumento para el cambio y la transformación de las mujeres que se han estancado en su sentir emocional o en el terreno de sus finanzas. En esta etapa soy más ligera para perdonar e igualmente para pedir perdón cuando cometo algún error. Todas somos una obra en proceso, y en nuestro recorrido, Dios nos muestra su misericordia para que aprendamos a entender y perdonar a los demás. Esta nueva persona a la cual Dios viró al revés —y lo digo en tono jocoso— está lista para impartir educación sobre cómo caminar hacia las metas, el bienestar y la abundancia.

Esta nueva Rashel no tiene pena de lanzarse a la conquista de una mejor vida y llevarte de la mano. Es una mujer honesta y consciente de las enseñanzas que han aparecido en todas las experiencias y, especialmente, en todos los golpes que le ha dado la vida. ¡Hasta en la enfermedad de su padre ha aprendido!

¡Me encanta esa nueva Rashel! ¡Dios es un Dios magnífico!

ANTES DE TERMINAR...

AGRADEZCO INFINITAMENTE QUE LE HAYAS DEDICADO TIEMPO a mi historia y le pido a Dios que la misma sea de inspiración en tu deseo de superarte. Espero y anhelo con todo mi ser que vayas de menos a más en tu vida, que abunden las bendiciones y que tu corazón se ensanche en el conocimiento de Dios.

En estas páginas te he confiado los detalles más íntimos de mi vida con el objetivo de que puedas comprobar que el poder de Dios es real y que no importa quiénes seamos en nuestra vida personal y profesional, porque todas somos hijas del Rey, sus amadas princesas. Y como sus hijas, tenemos derecho a una herencia maravillosa de amor, fortaleza y abundancia. Dios creó todo para nuestro bienestar. Solamente tenemos que abrirle las puertas y seguirle para disfrutar de todo lo que tiene preparado para nosotras.

Vuelve a estos capítulos cuantas veces quieras, regresa a las páginas con las que conectaste porque te identificas con lo que allí hay escrito. Léelas y reléelas. Repasa los ejercicios, modifícalos y adáptalos según el momento que estés atravesando. ¡Sácales provecho! No importa si después de leer el libro no lo vuelves a mirar en meses o en años. Te aseguro que cuando lo abras de nuevo te darás cuenta de que el mensaje es para ti y que no ha perdido su vigencia, porque la fuerza y el amor de Dios nunca cambian, ¡jamás!

Confía en el proceso de aprendizaje y transformación. Será como si derramaran agua fresca sobre tu alma dejándote limpia y liviana. Disfruta de tu crecimiento y ten fe. ¡No la pierdas! Hoy te aseguro que saldrás adelante, que llegarás a tus metas, que cambiarás tu vida y que gozarás de bienestar.

Eres una mujer valiosa, valiente, un ser humano completo, capacitada y llena de virtudes. ¡No lo olvides nunca! Eres la creación más perfecta, el ser más sublime, la flor más bella y delicada. Jamás pierdas la perspectiva de ti misma. Tu bienestar redundará en el bienestar de los demás.

¡Te aseguro que te encantará esa nueva tú! ¡Tu hermosa nueva versión!

Recuerda que los milagros son posibles y que la grandeza de Dios te lleva de menos a más.

Sé que nos encontraremos en el camino y te podré dar un abrazo.

Tu amiga,
Rashel

Anexo

Cuatro pilares para aplicar en tu vida

1. Hoy avanzo con confianza para tener el control sobre mi vida. Cuando tengo miedo de algo, irremediablemente me asusto, me confundo y me siento impotente, me siento perdida. Cuando me atrevo a enfrentar mis miedos, gano poder. Recupero mi pasión saliendo de mi zona de confort. Abordo mis miedos para tener el control sobre la vida y el futuro. Correr riesgos produce miedo. Se siente más seguridad al permanecer dentro de mi zona de confort. ¡Claro! Pero cuando me arriesgo y salto hacia mis sueños, nunca miro hacia atrás y puedo apuntar a horizontes espectaculares. Puedo ganar la libertad de hacer lo que quiera y puedo hacer uso del valor para soñar. ¿Debo vivir dentro de los límites de mis miedos? ¡No! Aprendo a confiar en mis instintos, a escuchar mi voz interior. Recupero mi poder y de esta forma tomo el control de mi vida, rompo los barrotes de la cárcel de la inseguridad y me lanzo a explorar mis opciones y a experimentar la emoción que me ofrece cada nueva aventura. ¡Me arriesgo! Me ilusiona el presente y el futuro, tengo muchísimas ganas de crecer. Hazlo y pregúntate: *¿Cómo se siente dejar ir el miedo? ¿Dónde puedo buscar y encontrar nuevas experiencias, habilidades y conocimientos? ¿Cómo puedo mejorar las nuevas experiencias de mi vida?* Hoy estoy entrando al presente y conquistando mis miedos. Mi camino es claro.

2. Hoy reconozco el valor que tengo. Agradezco que haya podido apreciarme más y estoy feliz de saber lo que valgo. Siento gratitud al encontrar mi nuevo valor. Ahora que me valoro más, tengo mayor confianza para decir mi verdad. Puedo dejar atrás los viejos patrones de complacer a la gente de mi pasado. He hecho todo con la debida diligencia. He tomado todas las clases, he estudiado con los maestros, he hecho mis deberes. Estoy agradecida de ser aceptada y de que ahora pueda ver ambos lados de la moneda. Así que hago lo necesario para realizar un esfuerzo adicional. Desarrollo nuevos e interesantes proyectos y les aporto todo el valor que tengo. Agradezco todas las nuevas oportunidades que se me presentan y ahora sé que las merezco. He intensificado mi juego. Soy la dueña de mi destino. ¿Cómo puedo demostrarme más respeto a mí misma? ¿Cómo puedo elevar mi autoestima? ¿Cómo puedo darme más valor? Hoy, con esta nueva valentía, doy un paso adelante hacia mi magnificencia. Me despojo del manto andrajoso del pasado. Me pongo mi ropa nueva. Soy soberana de mí misma.

3. **Hoy me libero.** Me libero de todos los hábitos que no me dejan avanzar. Suelto las cargas viejas y me abro a nuevas oportunidades. Desafío mis creencias autolimitantes. Distingo entre hechos y sentimientos. Cuando empiezo a cuestionar mis habilidades recuerdo mis logros pasados. Me enfrento a mis miedos y cuando algo me asusta construyo mi confianza y reduzco la ansiedad. Reconozco mi poder. Sé que puedo cambiar cualquier área de mi vida. Perdono a los demás, me perdono a mí y camino más ligera. ¡Me siento alegre! Si alguien me decepciona, le deseo lo mejor y sigo adelante. Aprendo de mis experiencias en lugar de arrepentirme de ellas. Manejo el estrés; relajo mi cuerpo y mi mente. Vivo auténticamente y me enorgullece ser una excelente versión de mí en vez de compararme con los demás. Pongo mis propios principios y prioridades antes de las expectativas externas. Celebro mis fortalezas y talentos únicos. ¿Cómo defino la libertad personal? ¿Por qué la risa es liberadora? ¿Cuál es la relación entre sencillez y libertad? Hoy me libero de juicios y falsas limitaciones. Voy más allá de mi zona de confort y vivo nuevas aventuras.

4. Hoy comienzo con cinco hábitos de cuidado personal que cambiarán mi vida. Cuido de los demás con mucho amor; sin embargo, olvido cuidar de la persona más importante: yo. Cuidar de mí es quizás el hábito más importante que puedo tener. Me descuido de muchas maneras, y ese es un gran error. ¿Cómo puedo ocuparme de los demás si no me ocupo de mí? ¿Cómo puedo lograr mayor bienestar en mi vida? ¿Qué acciones mejorarán mi yo exterior e interior? Hoy comenzaré a practicar estos cinco hábitos:

- Comer más sano: Mis impulsos me incentivan a comer alimentos que no son buenos para mi salud. Comer saludable puede ser un verdadero desafío; no obstante, me propongo comer sano al menos tres días a la semana. Cumplir este compromiso redundará en un mayor nivel de salud física que me respaldará en todos mis esfuerzos por evolucionar.
- Leer: Leer es excelente para mi agilidad mental y me da la oportunidad de aprender y mejorar mi capacidad cognitiva. Leer es un hábito maravilloso y un ejercicio que engrandece la mente, expande el vocabulario y extiende todo mi conocimiento. Las lecturas de contenido positivo, estimulantes, de autoayuda, de crecimiento personal y de motivación son magníficas aliadas en mi camino. Me propongo leer treinta minutos todos los días. Evitaré lecturas que no aporten a mi bienestar.
- Desconectarme: Mi cerebro necesita descansar de la constante estimulación de Internet, teléfono, televisor, tabletas, etc. ¿Cómo es posible que invierta tanto tiempo en esos aparatos? El tiempo que me regala Dios es para darle un uso productivo, no para perderlo. La conexión continua con esas herramientas tecnológicas puede crear un nivel de dependencia que no quiero, que no tiene cabida en mi vida. Me propongo utilizarlas

efectivamente y sin abusar. Me regalaré unas horas cada día para descansar de estos dispositivos.

- Dormir siete horas diarias: Se dice que necesitamos cinco horas de sueño, pero la ciencia señala que para aumentar mi salud y mis habilidades cognitivas debo dormir al menos siete horas diarias. ¿Cuánto tiempo hace que no lo hago? No puedo permitir que las preocupaciones y el estrés se interpongan en el hábito de dormir, que es tan saludable. Es cierto que algunos días tengo tanto ajetreo que me acuesto tarde, pero intentaré dormir bien siempre que pueda. El sueño es saludable. Trataré de hacerlo.

- Hacer ejercicio todos los días: Un poco de movimiento extra puede darle muchos beneficios a mi cuerpo y a mi mente. Lo sé, lo reconozco, y aun así me dejo dominar por la pereza. ¡Pero eso cambiará! El ejercicio es medicinal, estimula nuestro andamiaje físico y tiene excelentes resultados en nuestro estado de ánimo. Caminar treinta minutos diarios mejorará mi salud y veré los resultados pronto. Haré espacio en mi calendario. Lo prometo.

Hoy reconozco que mi cuidado personal es un hábito importante que debo desarrollar. Estar en mi mejor versión es bueno para todos a mi alrededor. Bueno no, ¡excelente! Cuando fallo en cuidar de mí, las personas me respetan menos. Es difícil recibir respeto de los demás si no me respeto yo misma. Me merezco lo mejor y me trataré de esta manera.

¿HAS LEÍDO ALGO BRILLANTE Y QUIERES CONTÁRSELO AL MUNDO?

Ayuda a otros lectores a encontrar este libro:

- Publica una reseña en nuestra página de Facebook @GrupoNelson

- Publica una foto en tu cuenta de redes sociales y comparte por qué te agradó.

- Manda un mensaje a un amigo a quien también le gustaría, o mejor, regálale una copia.

¡Déjanos una reseña si te gustó el libro! ¡Es una buena manera de ayudar a los autores y de mostrar tu aprecio!

 Visítanos en GrupoNelson.com y síguenos en nuestras redes sociales.